U0904113

我的课堂

MY CLASS

胡刚 著

陕西新华出版
陕西人民出版社

图书在版编目（CIP）数据

我的课堂 / 胡刚著 . -- 西安 : 陕西人民出版社，
2024. -- ISBN 978-7-224-15481-8
Ⅰ. G52-53
中国国家版本馆 CIP 数据核字第 20243FB519 号

策划编辑：左 文
责任编辑：石晓晓 何天翔
封面设计：安 梁

我的课堂
WO DE KETANG

作 者	胡 刚
出版发行	陕西人民出版社 （西安市北大街 147 号 邮编 710003）
印 刷	中煤地西安地图制印有限公司
开 本	890 毫米 ×1240 毫米 1/32
印 张	11.75
字 数	220 千
版 次	2024 年 9 月第 1 版
印 次	2024 年 9 月第 1 次印刷
书 号	ISBN 978-7-224-15481-8
定 价	49.00 元

序

课堂是学生学习的场所，是育人的主渠道。立足课堂推进教育教学改革是落实“立德树人，五育并举”的根本保证，也是学校管理工作的核心。

我与胡刚校长的相识始于我在教育部小学校长培训中心管理“国培计划”项目时期。他在中心学习期间，给我的印象很深刻，年轻，有活力，爱思考，善于抓住学校管理的核心问题，不仅在管理上不囿陈规，时有创新，而且对课堂教学也有着自己独到的理解和思考。作为陕西省小学数学学科教学的带头人，他把自己多年来的课堂教学随感和随悟整理出来，形成了《我的课堂》这样一本既有专业思考又不乏生活趣味的教育随笔。

书中没有高深的理论，也没有华丽的辞藻，但记录了教育教学过程中一个个感人的故事。这些故事表达了作者对教育教学的理解，再现了作者与学生日常沟通的细枝末节，展现了一堂堂课的生动精彩，当然也讲述了作者的成长故事，清新朴实、自然鲜活。

细品本书，能够体味到作者对学生、对课堂、对教育的那颗纯真而又炙热的“爱心”，正是这种爱让他数年如一日地坚持对教育的不断探索，从而走向教育的更深处。正如作者在书中写的那样：“作为老师是需要一颗童心的，只有这样我们才会精心准备一节课，才会从孩子的角度去思考，想孩子之所想，乐孩子之所乐，才会使自己保持年轻而富有诗意的心态！”他是这样说的，也是这样做的。保持童心，从儿童的视角走进学生的心灵，是小学老师爱学生、爱教育的基础，也是贯穿全书的主线。

当前，全社会都在倡导“教育家办学”。践行教育家精神不是喊口号，一线教师想要成为教育家可能并非易事，但要有“虽不能至，心向往之”的理想和信念，为自己确立好专业发展的方向和目标。这样我们才能永葆教育热情，不倦追求教育真谛，让教育家精神如同灯塔一样指引我们前行。

教育是艺术，也是科学。践行教育家精神需要广大教师充分研究教育教学的基本规律，掌握启智润心、因材施教的育人智慧，其根本途径就是“从课堂中来，到课堂中去”。教育是人学，要把学生真正当成课堂教学的主体，充分尊重学生的主体地位，发挥学生的主体作用；要俯下身子，善于倾听学生的心声，与学生平等真诚对话；要深入了解学生的需求，积极关注和回应学生的问题；要不断学习新理念、新方法、新技术，不断创新课堂教学。细节造就专业。作者特别善于捕捉课堂中的细节，使它成为教育的契机。在这本书里，你能看到作者总有一双慧眼，善于观察和发现，能够捕捉到教育教学过程中不易察觉的方面。这是一种艺术，更是对教育的热爱。因为只有怀揣这种爱，才会用心去观察、去发现。

课堂是推动教育高质量发展的重要途径，也是每一位教师专业成长的见证。希望《我的课堂》中作者平实而充满智慧的育人故事和成长经历能启迪和引领更多教育工作者们去探索教育教学规律，推动教学改革创新，不断提升育人质量。

北京师范大学教授，博士生导师

2024年4月28日

目录

CONTENTS

目录

CONTENTS

目录

CONTENTS

目录

CONTENTS

目录

CONTENTS

目录

CONTENTS

第一章

用心品味 用爱践行

童心最美

本学期我的教学分工有所变化，从熟悉的数学教学转岗到道德与法治教学岗，带三年级一至四班。熟悉的教学环境，陌生的课程内容，对自己来说也是一个挑战，让我有一些激动和向往。

周二的时候，我就给道德与法治老师唐小姣打电话，问她教学进度怎样安排，第一节课上什么内容，课堂教学中要注意什么。她告诉我本学期三年级教材共12节课，预计16周上完，因为有的内容一节课可能完成不了。她准备第一节课不上新课，给孩子们讲要求，进行开学收心教育，特别要注意的是孩子经常忘带课本，课堂纪律不好组织。并且，她已经把第一节课的教学课件和教学设计准备好了，说马上就给我发过来，让我参考。我在电话里感谢她的细心周到，同时请她今后多给我指导。

面对三年级的孩子，怎样才能让他们喜欢我的课呢？第一节课我得给孩子们留下好的印象。准备一点“糖衣炮弹”吧！我到文具店精心挑选了一包大拇指上写了“奖”字的奖励贴，还准备了一个故事。带着我的神秘礼物，我先后走进了三年级一至四班，和孩子们见面。以下是课堂上的一些精彩片段：

片段一：

“同学们，请打开课本的第一页，然后再看看老师的课本，谁能发现有什么不一样的地方？”

“老师的课本上有奖励贴。”

“知道这是干什么用的吗？”

“奖励表现好的同学。”

“这是老师给你们准备的礼物，我想把它送给表现优异的孩子，你们想要吗？”

“想！老师，能用它兑换学习章吗？”

“可以兑换，请你把老师奖给你的奖励贴，贴在课本的第一页，等这一学期结束时，我们比一比看谁挣到的奖励多。”

“老师，几个奖励贴兑换1个学习章啊？”

“你们觉得几个合适？”

“10个。”

“我给你们打五折，积累5个就可以换1枚学习章。”

太好了，谢谢老师！教室里响起热烈的掌声和此起彼伏的欢笑声。忽然从教室的一个角落里，传来了一个“刺耳”的声音。“这礼物太幼稚了。”循声望去，一个小女孩一脸不屑地看着我，她那稚嫩的声音和严肃的表情，让我有一些尴尬，同时我又被她的可爱和纯真所打动。我微笑着说：“这个礼物看起来好像是有一点幼稚，不过它代表老师对你的鼓励，是对你课堂表现的肯定，所以它的意义可不同凡响。”说完，孩子们纷纷点头，这个小女孩也赞成地点了点头。

这个小女孩的声音在当时的氛围中虽然有点“刺耳”，但她那副认真的表情，时刻在我的眼前浮现，不时地让我忍俊不禁。童心最美！他们天真、纯朴、善良、正直……

片段二：

“同学们，喜欢听故事吗？”

“喜欢！”

“今天，胡老师就给大家讲一个故事。”

“有一个小男孩，有一天妈妈带着他到杂货店去买东西，老板看到这个可爱的小孩，就打开一罐糖果，要小男孩自己拿一把糖果。但是这个男孩却没有任何动作。几次邀请之后，老板亲自抓了一大把糖果放进他的口袋中。回到家中，母亲好奇地问小男孩为什么没有自己去抓糖果而要老板抓。”

讲到这里，我故意停下来，问：“你们猜一猜，这个小男孩是怎样答的？”

“老师，我猜是因为妈妈讲过，不能随便拿别人的东西。”

“因为老师说过，不能接受陌生人给的东西，防止上当受骗。”

“我猜，可能是小男孩有蛀牙，不能吃糖。”

“我猜，可能他担心糖果里有毒。”

……

孩子们脑洞大开，课堂气氛活跃到了极点。我说：“孩子们，你们很聪明，很会想象，这个小男孩的想法没有这么复杂，他对妈妈说：‘因为我的手比较小呀！而老板的手比较大，所以他拿的一定比我拿的多很多！’”

听完，孩子们开心地笑了。

“他太贪心了。”“他太聪明了。”……

孩子们不停地争论着。

作为老师是需要有一颗童心的，只有这样我们才会精心准备一节课，才会从孩子的角度去思考，想孩子之所想，乐孩子之所乐，才会使自己保持年轻而富有诗意的心态！

用心做教育

前几天，我在教育新闻网上读到一篇文章，题目为《给学生照亮心灵的教育》，作者是张思明，该文发表在《人民教育》。其中有这样一段话："用心做教育，用心为学生们一生的发展和幸福奠基，用心为中华民族的创造力奠基，是教师最崇高的追求。用心和用力是不一样的，用心就是要把自己的教育工作不仅看成事业，而且看成自己生活中的一部分，不断地想着它，念着它，琢磨它，感悟它，享受它。用心做教育方能童心不泯，拥有爱心；用心做教育方能心怀感激，胸襟坦荡；用心做教育方能展示自我，感悟生命。"

用心，这两个字对于一名小学教师来说多么重要。我从教十几年了，也经常听到一些人说："当老师多好，天天就是教那些知识，而且还有寒暑假。"还有一些人说："我年年都是重复这些事情，既琐碎又无聊。"教师的工作是有一定周期性的，但我们面对的孩子在变化，教材内容在更新，时代在变，每个家庭也在变。我们面对的孩子，每天都在成长。如果只是把我们的工作看成重复性的劳动，意味着根本没有认识到教师工作的实质。作为老师，特别是小学老师，我们每天要面对的是备课、上课、批改作业、改错纠错、找学生谈心、和家长沟通、教学生做值日等等。这些事情琐碎又平凡，但在这些平凡的小事当中，如果我们用心了，就能看出其中的伟大，也能成就自我的不平凡，让自己的人生充满乐趣和富有诗意。

周三下午，我们校本部组织了一次班主任培训，由教导处副主任程艳为全校75位班主任做培训。她以拉家常的方式，用40分钟的时间解读了班主任一天的工作。

她的讲解细致周到，简明扼要。她从班主任早上到校，到下午离校，一共列举了八件要做的日常工作。一是晨检工作，二是集会上操，三是课间安全，四是放学路队，五是午查上报，六是大课间操，七是卫生工作，八是其他常规工作。

她用幽默的语言分享自己的班主任工作经验，风趣又实用。她说自己在做晨检工作时，总结出要做好四件事：督促卫生和读书，督促佩戴红领巾，目测学生身体状况，统计缺勤学生并追踪病因（这一点实行同桌报告制）。为了保证课间安全，她是这样做的：安全教育天天讲，每周召开一次安全教育周会，划定课间活动区域，每天指定两名安全监督员。对于安全突发事件及班级纪律，要做到“严要求、勤观察、速处理”；对于卫生值日，要强化学校的“三不”要求，重在保持，每日三整理、每周两扫除，拖把挂起来、扫把一字摆。和家长沟通交流，既不盛气凌人，也不懦弱求人。表扬学生，她遵循“抓住变化放大夸、连续关注持续夸、告诉他人一起夸、变换方式创意夸”的原则，发自内心地赞赏鼓励，充分调动学生的积极性。最后，她总结道：“要心平气和，低声教育，有益身心。”谈及作为班主任的体会与感悟，她分享道：“心在哪里，智慧就在哪里。”她号召大家要做一位有智慧的班主任。

班主任工作在大多数老师的眼里是苦差事，成天被一些琐碎的事情弄得精疲力竭，甚至痛苦不堪。但在任老师的眼中，当班主任并不是只有劳累，也有乐趣和幸福。我想这就是用心的结果，就像她所说：“心在哪里，智慧就在哪里。”我想补充一句，那就是“幸福就在哪里”。

传说，苏格拉底小时候看到他父亲正在雕刻一只石狮子，小苏格拉底观察了好一阵子，突然问父亲：“怎样才能成为一名好的雕刻师呢？”“看！”父亲说，“以这只狮子来说吧，我并不是在雕刻这只石狮子，而是在唤醒它。狮子本来就沉睡在石块中，我只是将它从石头监牢里解救出来而已。”

每一个孩子都是一头沉睡的狮子，老师要做的就是将他唤醒。只有用心做教育，方能真正唤醒沉睡的狮子。

差之毫厘，谬以千里

今天是开学的第二天，早操的时候，我如往常一样，在操场上学生的队伍里，走一走，看一看。隔了一个假期，看到这些灿烂的笑脸、活泼的身影，心里特别舒畅。

当我走到三年级的队伍里时，突然听到一个声音："你再不遵守纪律，不认真做操，就让你站到主席台上去。"我循声望去，一位年轻的男老师，正在呵斥一个小男孩。

接着我又听到一个声音："把红领巾系好，不然就取消你的少先队员资格，今后就不许戴红领巾了。"一位年轻的女老师一边批评，一边帮助一个小男生系红领巾。

当时我想，站到主席台上是一种惩罚吗？少先队员的资格能随意取消吗？红领巾没系好就不许戴了，合适吗？学生不守纪律，或者说没按照我们的要求做，应当进行批评教育，但这些方式真的恰当吗？我们常说批评只是手段，育人才是根本目的。现实中我们的老师是怎样理解的，又是怎样做的呢？这只是冰山一角。

为了让每一个孩子在小学毕业前都有机会站上主席台，我曾提出让每个班级在周一校会时，轮流上主席台进行经典诵读展示。站在主席台上，面对台下几千人，不管是发言、演讲、诵读，都能让孩子们感受到荣耀，增强自信心，提高表达力。怎么能把站上主席台作为惩罚学生的手段呢？即使是罚站也不能让他站在主席台上，成为全校学生关注的焦点，否则孩子的自尊心将如何得到保护？

少先队员的资格就更光荣了。现在小学生入队要经过笔试、实践操作等环节，才能获得入队资格。入队时还要举行隆重的仪式，敬队礼、系红领巾都要进行专门培训。这样庄重神圣的荣誉怎么能说取消就取消呢？

这两位老师的出发点本没有错，就是想纠正学生的错误。但我们也不能小题大做，上纲上线。日常工作中，教师不经意间流露出的教育言行，能够看得出其育人理念。这两位老师只是众多教师中的一员，我所看到的也只是平常教学工作中的最普通最常见的画面。然而“为党育人，为国育才”的使命，“培养身心健全的人”这一教育的根本目标，就是要靠众多的一线教师在最普通最常见的教学行为中去实现。

差之毫厘，谬以千里。心中有什么样的教育理念，就会有什么样的教育行为。理念匮乏，行为必将产生偏差。一线教师怎样才能从传授知识的“经师”成为正己育人的“人师”，这也是常论常新的话题。

读书，让心灵找到归宿

我一直在思考，我们学校教师队伍建设的目标是什么？要建设一支怎样的教师队伍？在网络培训中，我找到了答案，那就是建设一支学习型、研究型、反思型的教师队伍。

一直以来，我们学校在教师队伍培养上有很多措施，比如“五个一”工程，即读一本专著，记一篇5000字以上的业务学习笔记，写一篇读后感，写一篇教学案例、教育叙事或论文，完成一项微型课题或小课题。每学期开展“五课”活动，即新进教师汇报课、骨干教师研讨课、学带能手示范课、随堂跟踪视导课、教学能手赛教课。这些措施都以促进教师的专业成长为目的。在这个基础上，今年我提出以培养“学习型、研究型、反思型”教师为目标，在坚持原有做法的基础上，新增了在校园里开展粉笔字展示活动、办公室图书漂流活动、录一节常态课等，通过专业引领、制度督促，进一步推动教师队伍整体向前发展。

粉笔字展示活动。在校园的醒目区域挂上小黑板，让老师们每天轮流在黑板上用粉笔写下自己曾经读过或正在读的书籍中的经典语句，并写上自己的姓名，落款为某某人摘自某某书或文章。给每个办公室都挂一块小黑板，让教研组长书写通知或值日安排，也可用于教师日常练字。这样做一方面能督促大家多读书，另一方面也能强化教师的粉笔字基本功。

图书漂流活动。在每个办公室设置一个图书角，由教研组长选定一至两种刊物，每周到图书室借取，放在图书角，供办公室老师随时阅读，各办公室之间每周一轮换，让图书在办公室漂流起来。

录一节常态课。一线教师的核心能力是上好每一节课，我们经常听别人讲课，却很少或从来没有听过自己讲课。所以，我提出要录一节40分钟的常态课，视频音频均可，教师通过听自己讲课，复盘教学语言、教学设计、课堂调控、学生互动等，养成反思的习惯。

我是从一线教师岗走上管理岗位的，参加过全市、全省、全国的课堂教学大赛，也经历了各级教学能手赛，成长为省级学科带头人。我曾经为了讲好学校的公开课，对着镜子讲课，观察自己的动作表情。我知道专业成长之路并无坦途，更深知作为新时代的教师保持终身学习的重要性。

回想起自己刚走上工作岗位的那几年，有着一身的干劲，讲课充满激情，为了修改教学设计，多少个周末都在办公室度过，一遍又一遍地完善反思，总结提炼，一节公开课下来，手写的讲稿多则十几份，少则六七份。当时我的脑中没有多余的想法，就只有一个目标：要把课讲好。不过，干劲足，也难免会有像无头苍蝇一样没有方向的时候，究其原因是缺乏学习的意识。我虽然零零散散地读过一些启迪教育教学工作的文章，但是并未系统性地读过完整的书籍。

直到2013年，我工作的第十个年头，我参加了援藏工作，在西藏阿里普兰县的三年里，我才开始有意识地去读书。可能是环境太枯燥，也可能是受到身边作家、县委书记高宝军的感染，那三年我读了高书记写的两本散文集、一本短篇小说集，通读了《二十四史》文白对照版，共八册，读了郦波教授的《郦波评说曾国藩家训》。援藏岁月中，我养成了读书的习惯，增强了学习的意识。

援藏结束回到学校后，我又陆陆续续读了全国特级教师华应龙老师的《我这样教数学》《我就是数学》《我不只是数学》，全国特级教师李镇西的著作《老师教我当校长》《做最好的班主任》，当代著名教育家顾明远先生的教育随笔《泥土集》《落叶集》《杂草集》，苏霍姆林斯基的《帕夫雷什中学》《给教师的一百条建议》，以及《道德经》《传习录》《鬼谷子》等古典名著。最近正在读北京大学国家发展研究院BiMBA商学院院长陈春花的理论研究成果《协同共生论》。

我读书的经历开始得有些晚，但我在坚持。虽然没有什么立竿见影的效果，也没有发表多少篇论文，但读书使我具备了学习的意识，开阔了眼界，养成了撰写随笔的习惯，让我能静下心来，深入思考，理解能力和表达能力都有了质的飞跃。其实读书并不只是为了撰写论文、发表文章，也不是为了炫耀华丽的辞藻和过人的口才，而在于能让心灵找到归宿。

发现美

有些人梦想着一夜暴富，有些人梦想着一夜成名。在自媒体时代，很多人在不经意间就成了网红。比如，山东费县的“拉面哥”程运付走红之后，一时间，各大自媒体平台都在报道程运付和他的拉面，众多自媒体作者不惜奔赴千里前去拍摄。那么，一个普通的农民，一碗普通的拉面，怎么就一下子火了起来呢？他是一个地地道道的农民，没有俊朗帅气的外表，因他售卖的3元钱一碗的拉面，坚持15年不涨价而远近闻名。他在视频中说：“不涨价是为了老百姓都能吃得起拉面，老百姓来钱不容易。”网友被他这种厚道朴实的品行和坚忍的毅力感动了。

还有一位被网友亲切地称为“微笑女孩”的铁嘉欣也火了。宁夏固原市西吉县马建乡大坪小学24岁的支教老师马瑞，将无意间拍下的女孩微笑视频发到网络平台，众多网友被小女孩铁嘉欣漂亮、纯朴、天真、清澈、灿烂的笑容感动了。很多网友感叹，看到小姑娘的微笑好像看到了自己小时候的样子。

和众多网民一样，我心中既敬佩“拉面哥”程运付真诚善良的品质，脑海中也时常浮现出铁嘉欣灿烂清澈的笑脸。世界上美的东西并不少见，只是缺少发现美的眼睛。作为一名小学教师，一位教育工作者，我们应该有一双善于发现美的眼睛。

教育是一种坚守，很多人在这个行业耕耘了一辈子，有的人在这条路上走出了精彩，也有人在枯燥乏味中虚度一生。我想，我应该尽我所能去发现孩子身上的美，去探寻教育路上的风景。

摔倒的老人敢扶吗？

今天早上下着蒙蒙细雨，雨滴落在发梢上，洒在脸上，有一丝微凉，让人感觉春天的脚步更近了。

像往常一样，上初中的女儿乐乐走在前面，我走在后面，我们一前一后向学校走去。虽然一句话都没有说，看着她的背影我的心里很踏实。

不知不觉间，我们已经走到南门菜市场前面的公交站台旁边了。快过马路的时候，我看到乐乐向站台左边望去，好像看到了什么紧急情况，她犹豫地站在那里。我迅步上前，发现一名老妇人躺在马路边一辆公交车的前面，嘴里不停地发出“哎哟、哎哟”的声音。许多小白菜滚落在她身旁，一辆简易置物车倒在站台上，她可能是滑倒了。她身边围着四个穿着中学校服的孩子，一个女孩想去扶，却又退了回去。

我走到跟前，蹲下轻声问：“您是摔倒了吗？摔到哪里了？”

她指着左肩说："我的肩膀。"

我上前试着扶她站起来，这时那个女同学也伸手去扶她。旁边有个同学说："老师来了。"这个孩子可能是从我们学校毕业的，认出了我。

老人说："不要动我的肩膀，疼得厉害。"她指着女孩扶着的左胳膊。

我说："同学，先不要急着拉她，让她先试着活动一下。"

这时，公交车的司机按了一下喇叭。我愤怒地看向司机，并示意他有人摔倒了。司机不好意思地下车，询问老人的情况。

我们将老人扶到站台边，让她坐在台阶上，并把蔬菜和置物车捡起来放在安全的位置。

我问她："您家人的电话是多少？我帮您联系，让他们来接您。"

老人说："不用了，我住在附家河，离这里很远，我在这里歇一会儿就没事了。"

在确定老人的胳膊没事后，我和这几个同学准备离开，那个女孩对我说："谢谢老师！"

我说："这是应该做的，我们不能看着老人摔倒了都不敢去扶，还是要相信世界上没有那么多坏人。"说完后，我向那几个初中生道了别，大家各自离开了。

回到校园后，我心里一直有点放心不下那个老人，有些担心、有些同情，还有一丝温暖。

遇到老人摔倒了，扶还是不扶？今天早上，我真的遇到了这个问题。

那几个中学生本来是想去扶的，但犹豫了，直到他们看到我后，不由得说：“老师来了。”我的出现好像给了他们一些信心。

我丝毫没有犹豫，我觉得一位老人摔倒了，肯定不能视而不见。

公交车司机刚开始不耐烦地按喇叭，觉得我们挡了他的路，后来看到我们在帮助摔倒的老人，也主动走下车来一起帮忙。

网上报道了很多扶起摔倒老人被讹的案例。报道最早、影响最大的是2014年3月15日的深圳公交司机马师傅扶75岁陈老太被讹事件。后来又陆续曝出其他扶摔倒的老人被讹诈的事件，一时间在社会上掀起舆论狂潮，导致我们看到摔倒的老人，会在扶与不扶之间犹豫彷徨。

扶起摔倒的老人被讹本是个例，可是在媒体的报道渲染下，让我们对摔倒的老人望而生畏，觉得那很可能是一个陷阱，多一事不如少一事，应避而远之。

然而，今天我们一直强调要践行社会主义核心价值观，要诚信、友善，作为老师，更应该带头传播正能量。我把“让人们因我的存在而感到幸福”作为我们学校全体师生的行动指南，就是为了让孩子从小树立正确的人生观。

今天，我觉得我的行动起到了很好的示范作用，遇到摔倒的老人，怎么能不去扶呢？尊老爱幼、助人为乐是中华民族的传统美德，应该弘扬下去，让社会充满爱。

不过，遇到摔倒的老人，孩子还是要多注意观察。因为从医学角度出发，没有弄清楚老人的具体情况，立即扶起可能会加重老人的伤情。此外，孩子年龄小，力气可能不够大，最好能寻求他人的帮助，以免对老人造成二次伤害。

有什么样的老师，就有什么样的课堂

周五早晨第一节课，教导处组织我们一起去参观六年级语文组组织的“漫步世界名著花园”读书交流活动。活动在各班教室进行，14个班的活动精彩纷呈，形式各异。

有的班级让学生在台前分享自己的读书感悟，学生制作了精美的PPT，一边介绍书中精彩的故事，一边分析人物形象；有的班级组织学生分组交流，分享自己带来的图书，学生用表演的形式展现书中精彩的故事片段。

六年级（7）班的活动让我们印象最深刻，大家忍不住驻足观赏。教室里好像在举办一场大型晚会，抑或是在拍摄精彩的电影或故事片。主角在台上声情并茂地演绎着书中的精彩内容，台下两个摄像师，一个站在三脚架前用单反相机录像，另一个拿着自拍神器架着手机进行拍摄，完全是专业人士的姿态，他们专注工作的神情深深打动了我。主持人就像导演一样站在旁边，关注着剧情的进展；其他同学个个精神抖擞，既是观众又是演员，随时准备登场，掌声、欢呼声不绝于耳。老师坐在最后一排的座位上，和孩子们一起成为观众，心情舒畅地欣赏着精彩的表演。

可能是两个摄像师为活动增添了气氛，也可能是面对镜头，孩子们更加雀跃。我不禁要为幕后的策划者——老师，点赞！让学生站在台前，把课堂还给学生，老师只当观众。这是一种教育技巧，更是一种教育智慧。

课堂是育人的主阵地，其物理场域有限，但精神场域无限。有什么样的老师就有什么样的课堂，在学校教育体系中，老师才是最关键的执行者。

由孩子的疑惑引起的思考

周五早上第三节，我给三年级（1）班上道德与法治课，本节课学习的是“请到我的家乡来”，教材中设计了一个阅读角——“神女峰的传说”，神女峰就是珠穆朗玛峰。2020年5月27日上午11点整，我国高程测量登山队成功登顶珠峰。在备课时我就想把这则新闻带进课堂，和故事结合起来，给孩子带来欢乐的同时渗透爱国思想，进行不怕困难、勇攀高峰等思想教育。于是我搜集了登山队员攀登珠峰的一些照片，还有攀登珠峰的3D模拟视频、中国某登山队南坡登顶的视频录像等资料。

课堂上我和孩子们一起读完这个故事后，我在黑板上写下2020年5月27日上午11点，问：“有没有哪位同学知道老师为什么要写下这个时间？”孩子们一脸茫然。

我说：“这是我国高程测量登山队成功登顶珠峰，也就是故事中的神女峰的时间。”“哇！”孩子们欢呼了起来。我用课件展示了登山队员攀登珠峰的照片，一边展示，一边简要介绍。孩子们一边观看，一边发出惊奇赞叹的声音。

看完照片，我问："你们想不想体验一下模拟登山的过程？"孩子们大声说："想。"

我播放3D登山视频时，孩子们一个个睁大了眼睛，有的半弓着身子，有的走到过道上，大家聚精会神地观看，嘴里不时发出惊叹。接着我又播放了某登山队南坡登顶的视频录像，孩子们完全沉浸其中。

我说："看了刚才的视频，你们觉得我们国家的登山队员怎么样？""了不起！""牛！""太厉害了！"孩子们有的竖起大拇指，有的拍手，有的欢呼。

我又给孩子们介绍道："1960年5月25日，我国登山队员王富洲、屈银华、贡布从北坡登顶成功，开创了人类历史，而我国高程测量队在人类首次登顶珠峰60周年纪念日后的第二天成功登顶，意义重大。此外，2012年中国和巴基斯坦登山队成功登顶珠峰，2008年奥运会举办前夕，我国登山队员完成了在珠峰传递奥运圣火的壮举。"

我告诉孩子们，因为珠穆朗玛峰海拔高，所以氧气稀薄，温度低，峰顶常年温度都在零下30摄氏度到零下40摄氏度，而且登山道路险峻，稍有不慎，便可能有生命危险。

孩子们听完后，惊讶、赞叹、兴奋、激动……脸上闪现出各种表情。突然，一个小男孩问："老师，为什么不坐飞机上去呢？""就是，为什么不坐飞机上去？”好几个孩子异口同声地说。

这突如其来的问题让我有一些惊愕，但转念一想，这就是孩子，他们脑海中有各种疑惑，而老师就是要引发孩子的好奇心，引导他们敢于发问、善于发问、勇于探索。

于是，我对他们说：“这个问题非常好，我想可能有好多同学都想弄明白这个问题。这样，下午回家后你们可以请家长帮忙在网上查一查资料，找出答案，然后回校分享。”

何谓一堂好课？就是要看有没有孩子主动提问。换句话说，就是要看有没有激发孩子的好奇心和探索欲。提问可以激发孩子的好奇心，孩子越小，好奇心就越强。然而，我们现在的课堂，如常态课、公开课、能手赛教课，大多数都是老师展示自己的舞台，学生主动提问的机会少之又少。

这节课之所以有孩子敢大胆提问，一方面是道德与法治课的课堂氛围轻松，孩子无所顾虑，因而有胆量；另一方面是因为攀登珠峰的新闻图片、3D视频、录像等新鲜的事物激发了孩子的兴趣，点燃了孩子心中的智慧火花。

童年的味道

今天早上，学校举行青年教师研讨课，我连续听了两节语文课，感到有些疲惫，于是走到操场上呼吸新鲜空气，活动身体。清晨下了一阵雨，空气格外清新，操场上也积了一些水，形成小水洼。

有几个二年级的孩子，在水洼里高兴地玩耍。一个小女孩穿着一双粉色的雨鞋，一只脚跷着，一只脚踮着往前跳，从水洼里快速跃过，溅起小水帘。一个男孩穿着白色的运动鞋，在水洼里使劲地跺脚，水花四溅，瞬间他的裤子湿了一大片，脸上、头发上也溅到了很多脏水，他用手一抹，依然重复着这个动作。另外两个孩子也在水洼里肆意奔跑、跳跃，发出一阵阵欢快的笑声。只要有积水的地方，都有几个小孩在玩耍、欢笑，这些小水洼顿时成了孩子们的乐园。

看到眼前这一幕，孩子们天真的笑声把我的思绪拉回到童年时代，一些儿时的记忆浮现在脑海中。

20世纪80年代的农村小孩没有这样漂亮舒适的运动鞋或雨鞋，多数都是穿妈妈一针一线亲手做的布鞋，布鞋温暖舒服，但是不防水，只能晴天穿。碰到下雨天，条件好一些的家庭，孩子能穿上解放鞋，条件差一些的只能穿草鞋，草鞋是用龙须草编成的，很粗糙，刚上脚时常常会把脚后跟磨出血泡。幸运的是我能穿上解放鞋。下雨天，我穿着解放鞋从来不会到水洼里玩耍，不是不喜欢而是不敢，因为如果打湿了鞋、弄脏了衣服，回家不是一顿严厉的责骂，就是棍棒上身。所以，我总是小心翼翼，走路时尽量走干爽的路面，生怕鞋上沾了泥水。那个时候，我不会因为父母的严厉而难过，常常因为能有一双解放鞋而欢天喜地。父母的严厉让我懂得了什么是珍惜。

记忆又将我拽回到小学六年级。我们村是一个教学点，以前是完小，后来因为学生人数减少，六年级被撤并到乡中心小学，现在只有五个年级。我的父亲是教学点的负责人，他在这里工作了二十多个年头。开学时，父亲带着我一起到乡中心小学报名，从我们家到中心小学有一条乡村公路，是泥土路面，而且有很多陡坡，自行车作为当时比较流行的交通工具，在这条路上只能你背它。即使是嘉陵摩托车这种先进的交通工具，在一些路段都要推着走。由于家里的经济条件不允许，我们得步行到学校，为了抄近路，父亲带着我走山里的一条小路。还记得总路程大约六公里，要过两条小河，翻一座大山，山上是茂密的树林，要走两公里左右，沿途连一户人家都没有。穿过树林，路边有一个农家院子，住有五六户人家，父亲告诉我这里原来是地主家的房屋，院子里养了两条非常凶的看家狗。

这条路对于父亲来说已经非常熟悉了，我第一次走，心里很害怕。学校离家很远，我得寄宿，每周五下午回家，每周日下午到校。父亲对我说："以后你就沿着这条路走，比较近。"因为知道父亲不可能接送我，所以只好逼自己暗暗记住这条小道，防止下次走错。开学的兴奋和对新学校的向往顿时烟消云散，内心只有对这条路的恐惧。

幸好有一个和我同班的小孩罗和友，他也要走这条路，他在村小组第四组，我在第三组，他家就住在我家房后面的山坡上，距我家三公里左右，于是我们俩约定一起走。他每次从我家后面的山坡经过时会大声喊我，听到他的喊声我就从家出发。那时没有电话，所以隔空喊话就成了我们唯一的联系方式。村里其他人听到我们的喊声，就知道晌午到了，该准备午饭了，喊声一时间成了报时钟。

我们俩一起走，穿过了恐怖的树林，在经过原来地主家的院子时，遇到了前所未有的恐怖事件：两条恶犬拦路。真是让我们吓破了胆。以前只是听父亲说起，没有领教过它们的厉害。见了我们这样的小孩，它们特别兴奋，一直追着我们咬，凶猛极了，就像看见到了嘴边的肥肉，非要吃一口才罢休。它们一直追了我们半里地，没办法，我们只好把书包里的干粮拿出一些扔给它们，趁它们吃的时候，赶快溜走。

在这之后的几周，每次我们都拿干粮当子弹，这两条恶犬也每次都如约而至，好像专门在这里等吃的。

有一次放学回家，书包里的干粮吃完了，但这两条狗却没有缺席，紧追着我们不放。我们只能拼命地跑，跑得越快，它们追得越紧，眼看就要追上了，我差点滑倒，就在要倒地的瞬间，可能是急中生智，也可能是本能反应，我随手捡起石头，扔向那两条狗，没想到，它们居然后退了十几米。于是，我们俩就不停地捡石头，扔向它们，这一招真管用，它们不停地后退，终于没有再追我们了。

从此，我们就商量，以后从这里过时就拿一些石头，再一人拿一根棍子，和它们对着干。就这样，之后每次从这里过，我们不再给它们扔干粮，而是扔石头，并且拿着棍子装着要打它们的样子。虽然我们没有真打着它们，它们也没有真咬到我们，但每次都是一场激烈的战斗。

后来，慢慢地我们觉得这样挺好玩，想和它们斗一斗。于是，我出了个主意，我们其中一个人不拿石头和棍子，假装很害怕它们的样子，走在前面并学狗叫，把它们引出来，另一个人拿着棍子走在后面埋伏，等它们出来，两人一起发起进攻。

于是，这往后的场景就是两条狗凶猛地出场，最后被吓得夹着尾巴，汪汪叫着往回跑，后面两个小孩笑得合不拢嘴。战胜了恐惧后，我们再也不怕走这条路了，反而还觉得有无穷的乐趣。这条路让我知道了什么是勇敢。

现在的物质条件非常好，孩子们已经不会因为鞋上沾了泥、衣服弄脏了而担心受到父母的责骂。看到孩子灿烂的笑脸，听到孩子欢快的笑声，家长们会提供一切条件支持孩子。因为大家都知道孩子自由玩耍的时间并不多，能够安全玩耍的场地也很少。

上学、放学的路不再是富有童年味道的那条小径，而是由家长筑起的长城。上学、放学时，校门口总是挤满了人，年迈的爷爷奶奶，年轻的爸爸妈妈……不看到孩子走进校园，家长们绝不离开，有的甚至要目送着孩子进了教学楼才放心。很多时候，孩子都已经距离校门十几米远了，家长却发现孩子的书包或水杯还在手中，于是急忙将孩子喊回来，或者不顾执勤保安的劝阻，非要将东西亲自送到孩子手中。

有人说现在的孩子很幸福，山珍海味、锦衣玉食、无限的宠爱，应有尽有。可是孩子的童年好像又缺少了一些东西。

读《西游记》中的教育思想有感

近日读计宇所著的《中国古典名著中的教育思想》一书，第八章“优秀班级‘西天取经班’的教师研究——《西游记》中的教育思想”，深深吸引了我。

作者主要写了须菩提祖师、如来佛祖、观音菩萨、唐僧等四位“优秀教师”的教育智慧，以及对现代教育的启示。

一、须菩提祖师

他热爱教育，对学生有接纳与包容之心，是一位学识修养深厚的教师。他的教育智慧体现如下：

1．教育理想“不负天地之造化”，顺应自然的发展。

2．教育内容重视日常生活中的基础教育。

（1）做人的基本礼仪。教悟空洒扫应对、进退周旋，洒扫指个人的生活习惯；应对指与平辈、长辈交谈时的语言规范；进退指行为规范；周旋指语言和行为上的技巧。

（2）日常生活中的基本知识学习。如讲经论道、习字焚香、扫地锄园、养花修树。

（3）教育方式基于教师与学生双主体而设计。

①善于观察，注重细节，了解学生的实际需求。教师的接纳和认可是学生成长的重要支持。一个顽劣的学生，如果教师和家长都不愿意接纳或认可他，他就会不断通过各种不良的行为来吸引教师和家长的注意，如果教师和家长仍然不知道原因所在，就会出现恶性循环。

②为学生提供多样化的选择空间。故事中须菩提祖师举出天罡三十六般变化，地煞七十二般变化让悟空自选。在实际教育中，教师和家长都应该问问学生想成为什么样的人，然后根据学生个性和实际需求为学生指引一条最有利于其发展的道路。

③善于等待，进行有意义的学习。

须菩提祖师的教育智慧让我有了如下感悟：

接纳与包容是一名好老师必备的品质，每个孩子都是不同的，就像大自然中没有完全相同的两片树叶，我们面对的学生来自不同的家庭，有着独特的个性，我们要能接纳所有的孩子，并包容他们的缺点，这不仅需要大海一样宽广的胸怀，更需要对教育工作心怀热爱，同时需要不断提高自身的修养。

不论是面对自己的孩子还是面对学生，都需要有静待花开的耐心，教育要懂得放手，但不是放任自流。

二、如来佛祖

1．用最佳的教育心态来引导受教育者。如来佛祖对悟空的成长总是寄予希望，不会轻言放弃。

2．了解挫折教育的重要性，为受教育者创造挫折教育的机会。西天取经为受教育者创造挫折教育的机会，受教育者不断面对各种困难，通过解决各种问题来磨炼心性，最终取得成果。

3．了解受教育者的困难并提供合理的引导。一个好的教师应该像如来佛祖一样，立足学生的发展现实，尽力了解学生在成长之中可能遇到的困难，进行换位思考，为学生的发展提供最佳支持。

如来佛祖的教育智慧让我有了如下感悟：

换位思考。我们很多时候都缺少换位思考的勇气和心态，经常把自己的意志强加给学生，小学老师面对的都是小孩子，小孩子在成长的道路上必定会犯这样或那样的错误，我们要有容错的度量，多从孩子的角度出发，思考他能成长为什么样的人，而不是要把他培养成什么样的人。

挫折教育。唐僧师徒要经过九九八十一难才能取得真经，要经历磨难和挫折才能修成正果。就像马云在一次演讲中说的，就他个人而言，也许最大的经验之一就是一路走来没有成功过。在他看来，失败很正常，而事实也是这样。失败很正常，成功少得可怜。而现在，我们非常害怕失败，更害怕孩子输在起跑线上，人人都去追逐那份少得可怜的成功，还能修成正果，获得真正意义上的成功吗？

三、观音菩萨

1．亲历取经路，感受取经难。教师必须亲自完成要求学生做的事，才能对学生可能遇到的问题有明确的认识，才能对学生提出合理的要求，并引导学生解决问题，而不是一味地施压和打击。

2．为教育提供全面的准备。一是组建团队，提供协助。二是激发兴趣，使其坚定信念。三是给予物质支持，如故事中观音菩萨将如来佛祖所赐的袈裟和锡杖交给唐僧。

3．在受教育者遇到困难时，为其提供支持。如故事中观音菩萨赠给悟空三根救命毫毛，允许悟空叫天天应，叫地地灵。

观音菩萨的教育智慧，让我有了如下感悟：

激发兴趣，提供帮助。兴趣是最好的老师，所以我们要利用一切资源，激发孩子的学习兴趣，这里的学习不仅包括学习文化课程，也包括培养特长爱好等。让孩子专注、完整地把自己感兴趣的事做下去，老师要提供一切可以提供的帮助，成为孩子成长路上的铺路石。

四、唐三藏

1．坚定的班级发展目标是铸就优秀班级的思想指导，无比坚定的信心是凝聚取经队伍的关键。

2．了解学生、接纳自己，真正明白“弟子不必不如师”。了解自身的不足和地位，了解学生的优点和缺点，并把他们放在班级各项活动的合适的位置。

3．在认错纠错中不断进步，得到学生的理解和认可。故事中唐三藏勇于向悟空说：“为师错怪你了！”

唐三藏的教育智慧，让我有了如下感悟：

信念和自知。唐僧是一介凡夫俗子，却能驾驭孙悟空、猪八戒、沙僧三个性格迥异的徒弟，一路降妖除魔，克服八十一难而取得真经，正是因为他有不得真经誓不罢休的坚定信念。作为老师，我们对孩子的教育，对自己的专业成长，也应该有这样无比坚定的信念，怀着一颗禅心做教育。

人贵有自知之明。知人者智，自知者明。作为教师，我们应该有承认错误的态度和勇气，更要有希望弟子青出于蓝而胜于蓝的胸襟。

《西游记》故事对现代教育启示良多，作为教师应努力做到以下几点：

第一，提高自身素质，建立合理的教育情感。教师对教育的热爱和良好的教育心态可能会超过所传授的知识对学生的影响。

第二，真正做到因材施教。

第三，重视基础，善于等待，同时也要创造良好的教育机会。

兴趣是最好的老师

我上周到紫阳小学开展教学交流活动时，偶遇了以前学生的家长宋紫春，她现在是紫阳小学主管教学的副校长。她女儿陈筱诺在小学六年级的时候转入安康市第一小学，当时我担任其班主任兼数学老师。

听宋校长介绍，她女儿在今年春季以笔试、面试双第一的成绩考取了南京师范大学学前教育专业的研究生。说起女儿今日的成就，宋老师满脸喜悦和自豪。

她的女儿在研究生面试时独自一人在家完成了网络面试，并且取得了第一名的好成绩。别人曾问她，教育女儿的经验有哪些？她说作为一名小学老师，她觉得学习兴趣是最重要的。

据她介绍，陈筱诺从小学到高中，学习成绩并不拔尖，她作为家长从来没有给孩子施加过多压力，孩子的高考成绩也很一般，最后考入云南师范大学学前教育专业。上大学后，陈筱诺对这个专业充满兴趣，花了很多精力去研究，在选择考研专业时，依然选择了学前教育专业，并报考了专业实力较强的南京师范大学。

回顾孩子的上学经历，她认为应尊重孩子，不应急功近利地要求孩子一味追求高分，这种近乎“散养”的方式很好地保护了孩子的学习兴趣。因此孩子在上大学后还能保持学习的热情，选择自己喜欢的专业并持续不断地研究学习。

宋老师培养女儿的密码就是保护和激发孩子的学习兴趣。就像顾明远教授在《站在孩子的视角谈教育》一书中写到的，他从事教育工作已经六十周年了，这当中有很多感触，令他感触最深的是没有爱就没有教育，没有兴趣就没有教育。真正的爱是让孩子很好地成长。兴趣是学习之母，是学习最强有力的动力。只有发自内心的需要，才是长久的动力。

我身边也有一些这样的例子，但只是少数，多数家长，甚至大部分教师都没有认识到这一点，还处在只看重考试分数，不重视兴趣培养的阶段。很多家长担心孩子输在起跑线上，在小学阶段就给孩子不停地加压而不加油；只注重让孩子超前学习学科知识，不注重丰富孩子的知识面；只要孩子在学习，就包办代替一切，看到孩子在玩耍，就怒从心起。

在这样的教育背景下，很容易培养出心智不健全的孩子。近年来，因不堪学习压力而轻生的高中生、初中生、小学生人数比例逐年增长。还有一类现象是很多孩子考上大学后就以为进了“保险箱”，放弃了对专业知识的深入研究，毕业即失业。

究其原因，就是孩子在基础教育阶段因过大的压力丧失了学习的兴趣，缺少学习的原动力。在当前的“双减”背景下，我们不仅要充分保护和激发孩子的学习兴趣和求知欲，家长也要树立成才更要成人的教育观，教师更要树立育人为本、全面发展的育人观。家校携手，达成共识，通力培养身心健全的未来的社会主义接班人和建设者。

让爱充满校园

掬一缕初冬的微凉，感知十一月的多姿多彩，四季轮回忽而立冬，愿这一冬多些暖阳。在广州培训期间，我看到学校公众号里发了一篇文章，标题是《无私帮助暖人心，家长致谢送锦旗》。看到这篇文章，我内心满是感动和温暖，为我们学校有这样的好老师感到骄傲。

消息中写到，在11月20日的升旗仪式上，高新校区一年级（12）班学生的家长走上主席台，为该班班主任老师王记娇赠送“爱生如子，精心培育”的锦旗，并宣读感谢信，表达对老师的感谢之情。

此前，孩子爷爷生了重病，需要到西安治疗，作为家里唯一的劳动力，孩子父亲必须到西安陪护，接送孩子上下学就成了家里无法解决的问题。于是，孩子父亲不得不打电话向班主任老师请假，班主任老师王记娇得知情况后主动要求义务接送孩子上下学，在征得家长同意后，王老师每天提前半个小时起床，绕路到孩子家，早上按时接孩子上学，放学按时送孩子回家，整整一个月，无论刮风下雨，她一次也没让孩子迟到。

家长的感谢信如下：

感谢信

尊敬的班主任王老师：

您好！

阴雨不断的九月和十月，是我最难忘的两个月，那时孩子的爷爷患重病，急需去西安抢救，而我作为家中唯一的劳动力也不得不去西安。家里的小孩因无人接送，没办法正常去学校上学，就在我不知所措时，班主任王老师打来了电话，了解情况后，她担负起接送孩子上下学的任务。九月和十月天气多雨，王老师接送孩子时衣服和鞋子常常会被打湿，但孩子身上滴水不沾。我记得有句话叫：燃烧自己，照亮别人。这句话太适合王老师您了！

何其有幸，感恩遇见您这样负责任的老师，您任劳任怨，将所有的耐心和关爱给予孩子，风雨无阻地接送孩子，真是爱生如子。千言万语无法言表，衷心感谢您。王老师，您辛苦了！

同时也非常感谢数学老师吴老师，就在我束手无策之时，是吴老师亲自给我打电话了解小孩几天没去学校的原因，得知情况后，她主动为孩子补习功课。黑夜一盏灯，下雨一把伞。这句话在两位老师的身上体现得淋漓尽致，在此我代表全家向两位老师深深地鞠一躬，谢谢你们！谢谢！

王记娇老师的事迹深深打动了大家，值得点赞。王老师生于1996年，毕业于延安大学音乐学专业，2020年9月通过事业单位招考进入我们学校。一位入职仅两年的年轻教师，用自己的行动和爱心温暖了一个学生、一个家庭，难能可贵。

从广州培训回来后，我立即同王老师交流。当面对王老师进行了表扬肯定，并请她在全校大会上给大家做分享。我们要大力发扬这样的精神，关心关爱每一个学生，精心培育每一个孩子。

得到我的肯定后，王老师说："其实我只是做了一个老师该做的事，不过是举手之劳，没想到家长会送锦旗，我心里一直很忐忑，也有一些尴尬。感谢校长的肯定，我会努力做一名好老师。"

细节中见真情，老师的爱就体现在这不经意间的一举一动中。当前，全国上下都在大力弘扬教育家精神，要发扬乐教爱生、无私奉献的精神。这种爱不一定惊天动地，常体现于细微之处，比如给学生倒一杯热水，和学生谈一次心，倾听学生的心声，开展一次家访等等。

老师的爱如冬日暖阳，愿这阳光洒满校园！

不要太难为孩子

下周我要在学校上公开课，课的内容是“找次品”，根据学校的要求，在校内上公开课重在磨课，要充分地试讲，在试讲中不断地提升教学水平。在正式开讲之前，我已在年级组内试讲了六次，其中在五年级（2）班试讲时，我把他们班一半的学生带到学校录课室，把课堂实况录了下来，讲完后学生还写了数学日记，他们的班主任老师高兴地将学生写的日记转发给我，下面是其中一个学生写的日记：

2017年4月14日 周四 阴

数学日记“找次品”

丁零零……上课铃声响起，熊老师一进教室就宣布选两个组的同学去上公开课。我们组被选中了，我特别高兴。

到了公开课的时间，我三步并作两步来到5楼的录课室，等待着老师的到来。伴着清脆的铃声，一位留着小胡子的帅气的老师登上讲台，课前他为我们讲了几个笑话，缓解大家紧张的心情，这种导入方式我觉得很赞。上课时，他拿出3瓶口香糖让我们用天平来找次品，各小组自行设计方案并汇报。我们小组的方案是最好的，只称1次就可以挑出次品：在天平两端分别放1盒口香糖，若两端平衡则剩下的1盒是次品，若一端轻那么轻的一端就应是次品。其他小组有称两次的、有称3次的，我们不禁暗暗窃喜。接下来挑战难度增加，老师让我们找7瓶中的次品，我们小组称了3次，但有的小组只称了两次，看来保住胜利的战果真不容易呀！第三组实验是10袋盐，本次设计我们讨论了很久，终于设计出了理想的方案。在一次次的挑战中我们总结出了经验。生动有趣的一节课就这样结束了，同学们都有些意犹未尽。

回到家中，我恰好看见奶奶正在发愁，原来今天超市促销，她到超市买回了10袋盐。她总觉得有几袋盐分量不够，但是又挑不出来，我灵机一动，用今天在学校学习的知识，借助爸爸做化学实验用的天平帮奶奶挑出了次品。奶奶很高兴，带上次品和小票去超市调换商品了。

奶奶出门后，我躺在沙发上心里乐滋滋的，今天不仅学习了知识，还帮奶奶解决了问题，真是收获满满呀！

刚开始我得知孩子们对我这节课印象深刻，还写了数学日记，心里非常高兴，想着这节课讲得应该还不错，但是看了孩子的日记后我有些茫然，让孩子写数学日记目的是什么？这篇数学日记给我的感觉是太难为孩子了，内容太过牵强。

第一，我并没有留小胡子，这点可以用照片作证。孩子这样描写我的外貌，无疑是陷入了人物描写的套路，可能孩子觉得男老师就应该留点胡子。

这是我在西藏普兰县援藏时照的照片，我从来没有留过小胡子。

第二，整节课我的课程设计分别是从3、5、9、27、81、243、729瓶口香糖中找1瓶次品，并没有出现过7瓶，更没有设计从10袋盐中找次品的案例。

第三，孩子写道："回到家中，我恰好看见奶奶正在发愁，原来今天超市促销，她到超市买回了10袋盐。可是她总觉得有几袋盐分量不够，但是又挑不出来，我灵机一动，用今天在学校学习的知识，借助爸爸做化学实验用的天平帮奶奶挑出了次品。奶奶很高兴，带上次品和小票去超市调换商品。奶奶出门后，我躺在沙发上心里乐滋滋的，今天不仅学习了知识，还帮奶奶解决了问题，真是收获满满呀！"在现实生活中会出现这样的情况吗？而且孩子还找来了爸爸做实验用的天平，孩子的爸爸是干什么工作的？还刚刚好有天平？这是多么牵强的巧合？

读完日记，我心里的高兴劲一点也没有了，孩子写数学日记应该是记下孩子在数学学习中印象最深刻，感受最深也最真实的内容。看到这样的数学日记，我在佩服孩子想象力的同时，只觉得我们太难为孩子了。好多专家都提出要让孩子的学习像呼吸一样自由，让孩子写这样牵强的日记，我们的目的是什么呢？这不禁让我陷入了深思。

何不让教育之路也慢起来？

有一首歌歌名叫《长长的路 慢慢地走》，张灵茹作词，路勇作曲，陈瑞演唱。歌词内容是这样的：

已经站在出发的路口
何必去问能同行多久
只要我们十指紧相扣
就把一路风景看够

白天倾听花开的声音
夜晚看见满天的星斗
陪伴若是你深情的告白
我的答案就是相守

长长的路　慢慢地走
身上的伤　轻轻地揉
这种感觉　恰似细水长流
默默滋润　以后的以后

长长的路　慢慢地走
彼此的心　细细感受
爱情路上　何妨做只蜗牛
月月年年　都那么温柔

这首歌本是一首爱情歌曲，写的是恋人在爱情的长路上要十指相扣，一路把风景看够；陪伴和相守是最真情的告白，要想一起走这长长的路，就要慢慢地走，让这种浪漫的感觉持续更久，细细品味其中的温柔。

每次听这首歌，我的内心都会泛起层层涟漪。我是一名小学老师，多少次我都在想，我们的教育教学之路是否也能慢起来呢？

已经走上了教育之路，不必去问要行多久，应与志同道合的教育人一起，把沿途的风景看够；每一个孩子都是一朵鲜花，只是花期不同，静待花开，倾听花开的声音，需要的就是一份坚守；教育之路虽长，只要我们用心感受，用心聆听，也会体味到其中的浪漫。苏霍姆林斯基说："每一个孩子都是一个完整的世界。"作为一名老师，在教育之路上要遇到多少个不同的完整的世界啊！

教育之路虽长，但我们需要慢慢地走，因为揠苗助长是行不通的。著名教育家叶圣陶说："教育是农业，不是工业。"教育就像农业生产，需要缓慢的发展过程，需要很长的周期，而不是像制造工业产品一样，能批量生产，迅速出炉，养孩子就像种庄稼，浇浇水、驱驱虫，用心栽培，不能心急。

中国台湾省作家张文亮的《牵着一只蜗牛去散步》启迪我们：只有慢下来，我们才能闻到花的香味，感受夜风的温柔，聆听鸟叫虫鸣的美妙，欣赏璀璨的满天星河。

爱情之路，我们要慢慢地走，何不让自己的教育之路也慢起来呢？我们应该做一只蜗牛，去慢慢体会其中的温柔。

慢下脚步，静待花开

不肯放手的家长，培养不出有责任感的孩子。不负责任的态度和习惯，容易让孩子成为自私的人。自私会限制孩子能力的发展，会影响孩子看世界的角度。如果想让孩子身心健康地发展，拥有良好的人际关系，取得事业的成功，就要从小开始培养孩子的责任心。

教育专家、北京师范大学副教授钱志亮给家长提出了几点建议：

一是杜绝包办，孩子能做的事情自己做；二是学会放手，让孩子适当做做家务；三是奖惩分明，让孩子懂得承担自身行为的后果；四是偶尔示弱，多给孩子承担责任的机会；五是以身作则，做有责任感的父母。

这些潜移默化的言传身教，孩子看在眼里就会记在心上，从而影响他的言行。一个对自身、家庭、社会毫无责任感的父母，不可能培养出有责任心的孩子，因此家长一定要做好榜样。

这周我在校门口执勤，天气已经进入寒冬，早晨两只手被冻得好像皮肤要裂开一般。周三的早晨，我在校门口看到一位老奶奶，她一手拉着孙女，另一只手拎着孩子的书包。直到快进门口时，老奶奶将书包交给孙女，说："赶快进去吧！"孙女正准备往校园里走，我半蹲下身子问小女孩："今年几年级了？"她说："三年级。"我说："三年级了，书包怎么不自己背呀？"小女孩还没张口，老奶奶说："她自己背走得很慢，我帮着背能走快点，避免迟到。"我说："是这样啊，以后自己背，好吗？奶奶都这么大年纪了，自己能做的事自己做，希望明天我能看到你自己背书包上学，好吗？"小女孩有点不好意思地说："好。"我说："赶快进去吧！"很快，小女孩的背影就消失在人群中。老奶奶目送孙女走进校门，直到看不见小女孩的身影，她才转身离开。这位老奶奶头发已经花白，佝偻着背，腿在并不宽大的裤管里显得非常纤瘦，看上去都有点支撑不住上半身。

其实帮孩子背书包的家长并不在少数，特别是爱孙心切的爷爷奶奶。每天放学，我也经常会遇到一些"可爱"的爷爷奶奶。一天下午放学后，有位老爷爷走到我面前说："老师您好！我孙子今天值日，能不能让我进去帮他扫地？"我说："应该让孩子自己锻炼着扫扫地，做一做家务嘛！"他说："让他自己扫，又要到五点才能出来，我帮他扫能快点结束，早点回家。"我说："我们四点半放学，孩子认真一点，十几分钟就扫完了，要不了那么长时间。我们应该让孩子自己学着做一做家务。"这位老爷爷听了我的话，不太赞同地摇摇头，无奈地走开了。

我经常能看到不少家长在一年级教室帮着扫地、拖地、擦门窗和课桌凳。好多时候，不是孩子不会或者做不好，而是家长没有给孩子学习的机会。等孩子长大一些，可能家长又会责备孩子这不会做，那不会干，没有养成好习惯，却没有反思过自己没有给孩子提供锻炼的机会和成长的时间。

印度诗人泰戈尔说：“不是槌的打击，而是水的载歌载舞，使鹅卵石臻于完美。”所以，教育孩子要敢于放手，孩子的事情让他自己做，我们要多一些耐心，静待花开。

孟母缘何三迁？

“昔孟母，择邻处”，孟母三迁的故事千百年来被人广为传颂，被后世不断效仿和借鉴。因为大家都知道，孟子的母亲为了给孩子营造良好的读书环境不惜三次搬迁，极力远离那些从事丧葬、商业和屠宰行业的邻居，可谓古代成功教育的典范。

为了给孩子提供更好的教育资源，现代的“孟母”不在少数。前不久网络上有一则新闻：昆明一位女士因为孩子上不了心仪的学校，疑似在云南映象城市广场的写字楼大厅闹事。新闻的真实性我们无法考证，但不禁会感叹“可怜天下父母心”，这位妈妈的出发点在一定程度上与“孟母三迁”相同，但方法欠妥。

很多家长效仿“孟母三迁”，却没有思考孟母缘何三迁，除了改变客观的外在学习环境，其背后透露的应该是“学而优则仕”“万般皆下品，唯有读书高”的等级观念。在这种观念的影响下，我们的价值观往往建立在与别人的比较之中，学业有成的人不一定是优秀者，但一定是优胜者。

在这种观念的驱使下，择校热问题、大班额问题、孩子课外辅导班过多的问题前所未有地严峻。为了使所有孩子都能享受优质的教育资源，党和政府已经把教育摆在了优先发展的战略地位，极力创建均衡的教育资源。但试想一下，假如所有的义务教育学校都标准化，师资水平都一样，谁又能保证我们的家长不拿新入职的教师和经验丰富的教师进行对比，从教师的性格、家长群体的社会阶层等方面进行比较和选择呢？况且绝对的均衡可能永远都无法达到。

新时代，我们国家倡导“万众创新”，发扬“工匠精神”，只注重学术而轻技术的思想逐渐式微，因为其与新时代精神南辕北辙。所以我们不能再盲目效仿孟母，改变思想中根深蒂固的等级观念和攀比之心才是良方。

有一种爱叫作放手

这周轮到我值周，上学时要提前半小时到校，在校门口迎接全校师生，放学时要在校门口等候所有师生离开校园，每天要在校门口站两个小时左右，有时腿都酸了。每天早晨，孩子们蹦蹦跳跳地走进校园之前，年轻的爸爸妈妈或者年迈的爷爷奶奶会在门口与孩子告别，进行短暂的叮嘱。每一个家庭、每一个孩子、每一位家长的神情姿态不尽相同，或温馨，或焦急，或轻松洒脱，或双眉紧锁，就像一部部多彩的微电影。

一天中午，我看到一位老爷爷，他一只手撑在校门口的伸缩门上，另一只手背在身后，踮着脚向校园里张望着。“是不是有什么事？”我边猜边向他走去。走近后，我打量了一下他，个子不高，一米六五左右，体形偏瘦，留着平头，头发已经花白，戴着一副黑边眼镜，眼睛不大但很有神。他上身穿着一件黑色夹克，拉链拉到衣领处，下身穿一条黑灰色休闲牛仔裤，显得很精神。

我问他："老人家，您有什么事吗？"

"我孙子刚从这里走进去。"他边说边使劲向校园里看，从他目光所及的位置，我猜孩子已经走得很远了。

我问："您孙子上几年级了？"

他说："四年级了。"

我问："都四年级了，每天都是您接送吗？"

他说："是的。"

我问："您在这里看他，是担心他有什么东西忘带了吗？"

他说："我孙子很乖，从来不惹麻烦，我害怕别的孩子故意欺负他。"

我说："孩子都上四年级了，您应该可以放心，其实没必要送到校门口，可以送到离校门100米左右的地方，然后让孩子自己走。"

他说："有一次，班里的一个同学把孩子的新橡皮给抢去了，孩子也不敢跟老师说。"

我说："遇到这样的事可以向老师寻求帮助，您得培养孩子的独立能力，以后尽量在离校门远一点的位置接送孩子。况且上学放学时校门口人很多，容易撞到您。"

"我那个孙子胆小，啥都不敢说。"他一边说着，一边不太情愿地转身离去，沉浸在自己的情绪中。

还有一天早晨上学时，在密集的人潮中，我听到一位年轻妈妈批评孩子的声音："赶快走，捡啥捡！"只见一个小女孩正弯腰捡地上的一个小塑料袋，估计是有人在校门口附近吃早点丢下的。这位年轻女士估计是这个小女孩的妈妈，用一只手将小女孩往起拉，大声叫喊着。但这个小姑娘还是倔强地捡起了塑料袋，然后从年轻女士手里“挣脱”出来，双肩一抖，将刚才弯腰时背上倾斜了的书包背正，拿着手里的塑料袋朝门口垃圾桶走去。这位女士站在原地气愤地看着小女孩，嘴里小声嘀咕了几句，转身朝马路走去，很快就消失在人潮中。

这个爷爷和妈妈的做法折射出一些家长不恰当的教育方式：该放手时不放手，需要教育引导时却又受限于自身的能力素质，过于粗暴。俗话说：“温室里养不出万年松，庭院里跑不出千里马。”在教育孩子的道路上，我们的确需要适时放手，孩子不可能永远在襁褓中，也不可能一直在家长的庇护下成长，该放手时就放手才是真的爱孩子。

走进阳光学校

今天，太阳公公躲进了厚厚的云层中，气温也降到了10摄氏度以下，人们不得不穿上加厚的衣服。在这个没有阳光的日子，我走进了阳光学校，有幸被邀请担任阳光学校校内教学能手赛教的评委。和我一起担任评委的是安康市教研室副主任蒲耀才，安康市第二小学教务主任韩静，安康市阳光学校党支部书记屈先花和省级教学能手赵莎莎。

我们一共听了六节课，分别是赵春英老师执教的“比长短”、卢晓琳老师执教的个训课“d的构音训练”、答智勉老师执教的“游览动物园”、胡莉老师执教的“年月日”、黄青山老师执教的“第几”和张明老师执教的“水果”。这六节课的教学对象分别是智障班、聋哑班和听障儿童综合活动示范小班的孩子。我以前经常从阳光学校门口经过，从来没有深入了解过学校里的老师和孩子，今天深入课堂，老师在课堂上对孩子的付出和爱心，以及孩子们的表现深深触动了我。

在卢老师的个训课上，老师为了教孩子学会发“d”这个音，拿着镜子面对面地示范，拉着孩子的手，让孩子摸自己的喉咙，感受发音时声带是否振动。智障班有一个小男孩，上课时必须有妈妈的陪护，他一进教室就不停地大声喊叫，我们谁也听不懂他喊的是什么，但老师一直耐心地鼓励他。黄青山老师走上前去和他击掌，拥抱他，轻轻抚摸他的头，虽然在赛教场上，教师的一举一动都关系到自己的成绩，但此刻我看到的只是老师脸上温暖的笑容和对孩子精心呵护的行为。老师对学生的关心、爱护和耐心，甚至超过了有些父母。

这个小男孩所在的班级一共有三节课，每节课他都叫喊着走进教室，在座位上一分钟也坐不住。从旁陪伴的妈妈只能把他的双手紧紧抓住，几乎把他按在座位上，即便是这样，他稍坐一会儿就想站起来，不停地大喊大叫。老师讲的内容他一点也不感兴趣，可能也听不懂。在黄青山老师上“第几”这一课时，有一个瞬间他被吸引了，老师用课件展示排队买票的场景，其中一位老爷爷排在第四，排在前面的三人都是小孩。黄老师在引导孩子们认图中排队的顺序时说：“这里面有一位老爷爷，排在了队伍的最后面，我们应该主动让老爷爷走到最前面，因为尊敬老人是中华民族的传统美德。”说完，老师用动画演示老爷爷从最后面走到最前面的场景。小男孩看到后，兴奋地拍起了小手，并用他那含糊不清的声音说：“爷爷第一，爷爷第一。”

这是他在三节课中唯一正常的表现。黄老师立即对他竖起了大拇指，说：“真懂事！”

第四节课课间，我到三楼上洗手间，返回途中，迎面走来的一个女孩见到我后，双脚并拢给我鞠了一个九十度的躬，并用不太标准的发音说：“老师好！”她所说的内容是我猜出来的，我赶紧回礼说：“你好！”小姑娘欢笑着跑下了楼，我看着她的背影，一股暖流涌上心头。这是聋障班的孩子，约莫十一二岁的样子，应该是刚下课。我第一次来这里，孩子们以前从来没见过我，却能主动和我打招呼，这还是一个有听力障碍的孩子。

这里的孩子虽然身体有这样那样的先天缺陷，却有着无比纯真、乐观向上的心。阳光学校、共享阳光，在这里我看到了别样的阳光。

第二章

心之所向 素履以往

用故事启迪心智

时光如梭，转瞬间新学期开始了。新学期、新憧憬，在今年的开学典礼上，我给孩子们讲点什么呢？几经思索，我想不如给大家讲一个故事吧！如果只是给孩子们讲大道理或者是严格的要求，他们肯定会觉得枯燥乏味，加上开学典礼一般时间较长，孩子们站久了可能根本就听不进去。而故事孩子们都爱听，其中还蕴含着做人做事的道理与智慧。用孩子们喜闻乐见的方式将大道理转换成故事，激励和感染他们，点燃他们心中对美好事物的向往，不是更好吗？我常常想，我们不仅要思考应该教给孩子什么，更要思考孩子真正需要什么，以下是开学典礼讲话的内容：

敬爱的各位老师、亲爱的同学们：

大家好！

走过盛夏，迎来金秋，踏着时光的脚步，怀着梦想和期待，我们欢聚在市一小校园，隆重举行新学期开学典礼。此时此刻，我和同学们一样，心情无比激动和兴奋！首先，我要告诉大家一个好消息，根据市区集团化办学协议，本学期汉滨区红星小学将由我校托管，成立安康市第一小学红星校区。现在，我们有校本部、高新校区、红星校区共三个校区。此刻，我们这三个校区在同时举行开学典礼，近6000多名师生一起分享这欢乐的时光。在此，我谨代表学校向全体师生致以最美好的祝愿，祝同学们在新的学期健康快乐、学习进步！祝老师们身体健康、事业有成！

新学期，新气象，新起点，新希望！在这里我想送给大家一件礼物，和大家分享一个故事。

故事的内容是这样的：一位智慧老人给一群孩子做了一个实验，地上有一大堆大石头、一堆小石头、一堆沙粒，还有一桶水，怎样才能把它们都装进一个口袋里呢？老人先装大石头，接着装小石头，然后装沙粒，最后倒水，竟然全部装了进去。接着，他提供了同样大小的石头、沙粒、水还有口袋，让孩子们装，孩子们七手八脚地尝试，却怎么也装不下。为什么会这样呢？原来孩子们先装了沙粒和小石头，之后大石头怎么也装不进去。老人这才说：“孩子们，人生就像这个口袋，好品德、好品质、善良的心、渊博的学识、远大的志向是大石头；而懒惰、自私、懦弱等坏品质是小石头、沙粒和水，只有先装大石头，人生才能丰盈，如果先装入懒惰、自私等不好的习惯或品质，以后就很难装进志向、品德、善良等好的东西了。”

同学们，请大家牢记这个故事告诉我们的深刻道理，在人生的道路中先装大石头。

不积细流，无以成江海。千里之行，始于足下。老师们、同学们，新学期已经开始，让我们共同携手、并肩前行，播下理想的种子，张开梦想的翅膀，为新学期的工作与学习绘下美丽的蓝图。

最后，我衷心祝愿同学们在新的学期学习进步、茁壮成长，祝愿各位老师工作顺利、身体健康、万事如意！

谢谢大家！

2019年9月1日

毕业典礼

六月是毕业季，也是离别的时节，莘莘学子即将怀着依恋与憧憬走向新的学习与生活。今年有842名六年级学生从我们学校毕业，在周一校会上，少队部和六年级老师为孩子们举行了“感恩母校，扬帆起航”六年级毕业典礼。

毕业典礼前一天晚上，我收到了辅导员彭文老师的短信，他邀请我给六年级优秀毕业生颁发荣誉证书。第二天早上，早自习刚上到一半下课铃就响了，我来到操场上时，六年级的学生已经站在了主席台的正前方，电子屏上打出了“‘感恩母校，扬帆起航’六年级毕业典礼”的字幕，这周五六年级学生要进行毕业考试，因此学校提前给他们举行毕业典礼。

等所有的班级都站好后，小主持人走到主席台中央宣布：“‘感恩母校，扬帆起航’六年级毕业典礼现在开始，首先请学校领导为优秀毕业生代表颁发纪念画册。”王校长、罗书记、刘校长、我和王主席依次走上台颁奖，每走到一名学生面前，学生便会立正，敬队礼，这是他们最后一次在母校的主席台上领奖，我想一定会给他们留下深刻的印象。颁奖后，我们和这些孩子合影留念。

接下来，毕业生代表以“今天我以母校为荣，明天母校以我为荣”为主题，代表全体毕业生发言，随后是家长代表发言。家长代表共有四位，他们和孩子一起上主席台，讲述他们心中的学校，随着他们的讲述，电子屏上滚动播放着这几年学校发展的照片。第一位家长是一位老爷爷，他拉着他的孙女，小姑娘介绍她的爷爷、爸爸，加上她自己，全家祖孙三代都是从我们学校毕业的。接下来上台的母女俩和之后上台的父子俩也都毕业于这所学校。最后上台的那位妈妈介绍说，她毕业时的班主任就是王国华主席，随着她的介绍，电子屏上放出了她当年的毕业照，那时的王老师略显消瘦，我们把目光转向王主席，他的脸上露出了灿烂的笑容。

随后，小主持人说道：“有请六年级的老师上台，为大家朗诵《再见，亲爱的孩子们！》。”校园里顿时响起了雷鸣般的掌声，随着六年级的老师一一走上台，我的心里泛起一阵温暖。六年级的语文、数学老师共20人，中间10人站成弧形，两侧各站5人，下面是朗诵的内容：

再见，亲爱的孩子们！

同学们，你们即将毕业。老师祝贺你们，走完小学六年历程。

看着你们像花朵一样鲜活的笑脸，老师很欣慰，很高兴能陪伴你们快乐成长！

同学们，你们即将毕业。虽然离别总是伤感的，但是未来会更美好。让我们笑着说再见。

十年以后，你们会在各地学习、生活，发光发热，成长的道路没有坦途，全力以赴才能抵达目的地。

同学们，你们即将毕业。此时的离别不是一个句号，而是新征程的起点。

无论你们走到哪里，请记得老师永远爱你们，就像爱自己的儿女。

就让我们彼此珍惜，彼此祝福！

同学们，你们即将毕业。今日一别，不知何日再相见，但是老师会将最美好的祝福送给你们。

老师相信，经过时光的洗礼，不起眼的毛毛虫终能变成翩翩飞舞的蝴蝶。

同学们，你们即将毕业。我们希望你们越飞越高，直上云霄。

同学们，你们即将毕业。你们将走出小学的校门，走进初中、高中、大学，走向五湖四海，走向世界。

但我们相信，你们会珍惜今天、珍惜友谊、珍惜生命。

今天，在这里，请允许我们把祝福装进你们的口袋。

衷心地祝福你们前程似锦！

真诚地祝福你们青春豪迈！

永远地祝福你们梦想无限！

诚挚地祝福你们心想事成！

奋力前行吧，亲爱的孩子们！

愿这份师生情谊照亮你们的人生，温暖你们的心。

再见，亲爱的孩子们！再见，亲爱的孩子们！

电子屏上播放着这届毕业生在校期间学习、生活的照片，看着熟悉的场景，听着老师们深情的朗诵，有的孩子眼角湿润了。此时此

刻，师生间的深厚情谊凝聚在这深情的话语中，在校园的上空弥漫着、回荡着。

最后，优秀毕业生带来歌伴舞表演《我听见时光的声音》，表达对母校、老师的感恩之情。

温情的毕业典礼伴着轻快的歌声结束了，孩子们度过了愉快而又幸福的时光。老师们送走一届又一届毕业生，在这个过程中收获着幸福和快乐。孩子们带着梦想起航，我们为他们祝福，为他们喝彩，同时也希望他们不忘母校，常怀感恩之心。相信这美好的一刻将印刻在孩子们的记忆里，也将载入学校的史册。

别样的清明节实践活动

今年清明节，在少队部的精心策划下，四年级师生开展了清明节校外实践活动。因为班级较多，所以活动分成五个小组进行。一至四班到烈士陵园开展扫墓活动，五班、六班到藏一角博物馆，七班、八班到城市规划展览馆，九至十班到安康市博物馆，十一、十二、十三班到铁路公安处特警队参观。

下午两点整，我们从校门口集体出发。我带十班的数学课，所以和孩子们一起去安康市博物馆参观。走出校门，孩子们就像出了笼子的小鸟，喜悦之情难以言表，我拿出手机随机抓拍了几张。

路途中，忽然从前面传来了整齐而洪亮的诵诗声。

“清明时节雨纷纷，路上行人欲断魂。借问酒家何处有，牧童遥指杏花村。”我们班的孩子听到后，马上也背了一首《望庐山瀑布》。“日照香炉生紫烟，遥看瀑布挂前川。飞流直下三千尺，疑是银河落九天。”走在后面的班级接着背起了《满江红》。“怒发冲冠，凭阑处，潇潇雨歇。抬望眼，仰天长啸，壮怀激烈……”一会儿前面又传来了美妙的歌声“让我们荡起双桨，小船推开波浪……”后面马上来一首“小小少年，没有烦恼……”一时间，诵诗声、歌声此起彼伏，引来了路人赞赏的目光。不知不觉间，一个多小时的路程很快结束了。

博物馆的工作人员已经在大门口等候，他们热情地接待我们。组织孩子站好队后，每个班由一位讲解员带领，依次参观安康历史文化和风土人情两个大展厅。讲解员先介绍了“安康”一名的由来，安康象征着安宁康泰；在参观风土人情展厅时，又重点介绍了安康的九县两区，以及区域内的两大山脉——秦岭和大巴山，两条河流——月河与汉江。

参观结束后，我们来到一楼大厅，在工作人员的组织下开展“彩鸢寻春”活动。讲解员首先介绍了清明节的由来，给同学们讲解了

“割股充饥”的典故，相传“清明”一词出自介子推留给晋文公重耳的遗言诗“割肉奉君尽丹心，但愿主公常清明。柳下作鬼终不见，强似伴君作谏臣。倘若主公心有我，忆我之时常自省。臣在九泉心无愧，勤政清明复清明。”然后，讲解员将同学们五人分成一组，进行给风筝涂色的活动。孩子们听到指令后，有的围在一起，有的趴在地上，认真地涂了起来，沉浸其中。

大约半个小时后，孩子们陆续完成了作品，看着自己的杰作，他们的脸上露出了灿烂的笑容。

小切口，大改革

本学期，我提出给学生布置体育家庭作业和以家务劳动为主要内容的实践作业，一方面是为响应近年来国家对提高学生身体素质的倡导，加强体育锻炼有诸多好处；另一方面是我观察到很多家长在接送孩子上学时帮孩子背着书包、拿着水瓶，有些家长甚至一边背着书包，一边帮孩子拿着早点，孩子心安理得地吃着，觉得不合口味还会对家长使小性子。

习近平总书记来安康考察，在平利县老县镇中心小学看望孩子们时说："现在孩子普遍眼镜化，这是我的隐忧。还有身体的健康程度，由于体育锻炼少，有所下降。文明其精神，野蛮其体魄，我说的'野蛮其体魄'就是强身健体。"

国家"十四五"发展规划中提出到2035年要建成文化强国、教育强国、人才强国、体育强国、健康中国。中国学生发展核心素养提出六大素养，其中就包括健康生活素养。2019年印发的《中共中央、国务院关于深化教育教学改革全面提高义务教育质量的意见》指出，要强化体育锻炼，坚持健康第一，实施学校体育固本行动，让每位学生掌握1至2项运动技能。2021年，《政府工作报告》在“十四五”时期主要目标任务中提出，要全面推进健康中国建设，构建强大公共卫生体系，完善城乡医疗服务网络，广泛开展全民健身运动，人均预期寿命再提高1岁。

教育部也相继出台了预防近视，减轻学生课业负担，做好中小学生手机管理等相关文件。2021年3月，教育部党组扩大会提出要切实抓好手机、作业、睡眠、读物、体质管理等“五项管理”改革。

因此，不管是从国家宏观层面，还是从个人健康生活需求层面来说，增强体质、养成健康的生活习惯都是不容忽视的大事。所以，我们不仅要上好体育课，开展丰富多彩的体育活动，保证学生在校的锻炼时间，还要通过布置体育家庭作业的形式，督促学生多运动、勤锻炼，培养健康生活的习惯。

中国学生发展核心素养中提出，要培养学生的责任担当和实践创新素养。如何培养这两大素养呢？我想就是要在劳动中培养，只有热爱劳动才会懂得责任和担当，只有通过劳动才能有创新和发展。然而，现在生活条件好了，物质基础丰富了，很多青少年习惯了衣来伸手、饭来张口，不懂得珍惜劳动成果，不想劳动、不会劳动。很多家长担心孩子安全，害怕孩子受累，习惯了为孩子准备好一切，也不想让孩子参加劳动。

2020年3月20日，中共中央、国务院印发了《关于全面加强新时代大中小学劳动教育的意见》，提出要引导学生树立正确的劳动观，崇尚劳动、尊重劳动，增强对劳动人民的感情。劳动教育能使学生牢固树立劳动最光荣、劳动最崇高、劳动最伟大、劳动最美丽的观念。所以，我提出布置以家务劳动为主要内容的社会实践家庭作业，其目的就是要培养学生的动手能力，让学生在劳动中增强责任担当意识。

布置这两项家庭作业既能有效落实减负要求，丰富家庭作业内容，也是帮助学生增强体质、锻炼动手能力的有效举措。小学阶段是人一生中习惯养成的关键时期，我们要从长远考虑、精心策划，从大处着眼，从小处着手，为孩子的幸福人生打好底色。

让“四声”充满校园

书声、歌声、笑声、掌声是校园里最美的交响乐，应该让这“四声”充满校园，成为主旋律。

书声。书声琅琅、书香弥漫，这是校园该有的模样。我们一直坚持开展经典诵读活动，每周一的班级轮流展示更是一道独特的风景线。年级诵读比赛、故事会、演讲赛、课本剧表演等都让“书声”焕发新活力。这种“书声”是应该坚持的基本样态，它的深层含义是培养终身学习的意识。党的二十大报告指出，推进教育数字化，建设全民终身学习的学习型社会、学习型大国。这就要求我们树立终身学习的意识，养成学习习惯。学校是育人的主要场所，作为教师我们更应该成为学习的践行者和带头人，以身作则，成为孩子的榜样。

歌声。优美的旋律能丰盈我们的精神世界。在一次家庭聚会中，一位爷爷对我说：“你们学校的老师很好，活动开展得非常好，最近我在接我孙子放学的时候，发现他是蹦蹦跳跳唱着歌往出走的，这说明他很喜欢校园生活。”歌声体现出师生的精神面貌，我们的校园里经常能听到音乐组老师合唱的歌声，课堂上也经常传出孩子们甜美的歌声。为了让校园充满歌声，除了要上好音乐课，还要注重培养孩子的艺术素养，提高他们的审美能力，激发其对艺术的兴趣、对生活的热爱。

笑声。有专家曾说：“孩子的笑脸是校园里最灿烂的阳光。”灿烂的笑脸是儿童该有的模样。同样，老师的笑脸也应该成为校园里常见的风景。心情好，身体健康，对事物感兴趣，才会有笑容。生活中的笑声能活跃气氛，给人带来轻松愉快的氛围。校园里的笑声既是孩子身心健康的外在表现，也时刻提醒我们要培养孩子的学习兴趣，激发孩子的求知欲，让孩子快乐学习。

掌声。为他人鼓掌既是对他人的欣赏，也体现着自身的美德与智慧，能赢得别人的掌声。因此要引导孩子为同学鼓掌，为老师鼓掌，为自己鼓掌；也要鼓励老师为学生鼓掌，为同事鼓掌，为自己鼓掌。真诚地欣赏他人能够营造和谐的氛围，乐观地欣赏自己能够增强自信心，应塑造“让别人因我的存在而感到幸福”的价值观，主动为别人鼓掌。掌声既是营造和谐氛围的有力助推器，更是赏识教育的外在表现。

雁阵编队

群雁在天空中飞翔时，一般会排成“人”字或“一”字斜阵，并定时交换左右位置。生物学家经过研究得出结论，雁群以这种飞行阵势飞行最快最省力，因为在飞行中，后一只大雁的羽翼能够借取前一只大雁的羽翼所产生的空气动力。飞行一段时间后，它们会交换左右位置，使另一侧的羽翼也能借助空气动力缓解疲劳。管理专家将这种有趣的雁群飞翔阵势原理运用于管理学研究，形象地称之为“雁阵效应”。

我们学校在集团化办学管理中运用雁阵编队，成效显著。目前校委会成员由党总支书记、校长、7名副校长和1名工会主席组成，各成员根据分工驻扎在3个校区，将3个校区按照“链区相辅、扁平布阵”的方式，实施“双轨领航”。

“链区相辅、扁平布阵”即市一小集团共分3个校区（校本部、高新校区、红星校区），每个校区各安排1名副校长任执行校长，根据学校规模大小，再安排分管副校长主抓业务，下设相关功能部室，组成完整的学校架构，实现扁平化布阵。校本部安排1名执行校长、2名副校长、1名工会主席，下设办公室、教导处、德育处、教科室、总务处、少队部。高新校区安排1名执行校长、2名副校长，下设教导处、德育处、总务处、少队部。红星校区安排1名执行校长，下设办公室、教导处、少队部。中层以上班子成员原则上在各校区三年进行一次轮岗交流，从而激发工作活力，促进各校区协调发展。

“双轨领航”即人事财务由集团校总校长负总责，统一安排、统一管理，实现对纵（集团校）、横（各校区）两个雁阵的全面统筹。每位校委会成员除了负责各校区的工作，还负责集团“链”上的任务，以业务管理为“链”，实现链区相辅。除校长以外的8位领导分别主抓8项业务，即党建、宣传、教学、德育、信息化、教师培训、少先队和后勤。

这样的布局相对合理，实现了集团统筹，各校区特色发展的模式，但在实施中和预想的效果还有一些差距，“重区轻链”“重本位、轻换位”的问题不时出现，这些状况容易使集团功能退化，埋下各自为政的隐患。“区”上便于指挥，“链”上难在协调，“重区轻链”是惰性使然，因此，要实现集团高位发展，所有管理者必须“坐区望链”，准确切换，双位领航。

生活处处是舞台

11月12日，我校隆重举行了2021年冬季趣味运动会开幕式暨全面落实“双减”，优化第二课堂成果展示活动。举办本次活动既是为了搭建展示学生综合素养的平台，也是为了激发同学们积极锻炼、强身健体的热情。活动由副校长王文琰主持，我特别邀请了安康市教育体育局副局长李黎、基础教育科科长陈世理、副科长钱玉英莅临现场指导。安康电视台、综合广播台的记者也受邀来到现场为活动做直播。

活动分为三个部分：

第一部分是仪仗方阵入场并展演。四名升旗手举着国旗走在最前列，后面是举着安康市第一小学校旗的旗手。管乐队紧随其后，主要的乐器有长笛、萨克斯、双簧管、单簧管、次中音号、长号、小号、定音鼓、小军鼓、镲。方阵尾部是举着50面彩旗的旗手。随着仪仗方阵的队员们迈着整齐的步伐进入会场，整个会场顿时鼓声隆隆、号声嘹亮、彩旗飘飘，校园成了一片热闹欢腾的海洋。

第二部分是各社团代表队依次入场并展演。内容依次是赖静雯老师指导的一、二年级室内课间操《中国少年先锋队队歌》《听我说》；贾梦云老师指导的三、四年级室内课间操《精忠报国》《你笑起来真好看》；罗丹老师指导的五、六年级室内课间操《站在草原望北京》。紧接着，吴忠会老师指导的武术社团表演了《群英武术》，口号是“发扬武术，传承武德，尚武崇德，健康快乐”；余鑫老师指导的田径社团表演了《定向越野》，口号是“定向定人生，越野越快乐”；李鹏程老师指导的篮球社团表演了《小篮球、大梦想》，口号是“投射梦想，迎篮而上，篮球小将，一小最棒”；高隆康老师指导的田径社团表演了《趣味田径》，口号是“用双脚丈量赛道，用坚持走向梦想”；陈复忠老师指导的乒乓球社团表演了《乒出精彩》，口号是“乒出干劲，搏出精彩”；邓向秀老师指导的跳绳社团表演了《绳舞飞扬》，口号是“跳动青春，跳出风采”；邓良松老师指导的羽毛球社团表演了《“羽”众不同》，口号是“羽众不同，欢欣鼓舞，挥动健康，挥动梦想”；陈安林老师指导的足球社团表演了《趣味足球》，口号是“梦想星力量，挥汗绿茵场”；刘兴艳老师指导的体操社团表演了《啦啦操》，口号是“低调低调，啦啦队驾到。只要掌声，不要尖叫。我爱学习，学到着迷，我爱运动，样样有用”。

第三部分是各年级代表队依次入场并展演。六年级“七彩篮球”

方阵，50名篮球健将英姿飒爽、步履铿锵，在主席台前展示了扎实的运球、传接球技巧；五年级“英姿平衡车”方阵，10名男生身着古装、手持长剑、脚踩平衡车，配着《仙剑奇缘》主题音乐，演绎古风今韵；四年级“汉服展演”方阵，50名孩子身穿汉服、手握书简，展现华夏礼仪文化；三年级“童话王国”方阵，孩子们装扮成童话故事里的人物，有美丽的白雪公主和灰姑娘，有可爱的爱丽丝和聪明的小红帽，有勇敢的神笔马良和战胜蛇妖的葫芦娃，把整个现场带进了童话的世界；二年级“航天梦之队”方阵，111名同学穿着航天道具服，用独特的方式向航天英雄致敬，倾诉自己的梦想；一年级“最靓的仔”方阵，85个充满稚气的小不点穿着彩色服装、戴着墨镜，随着《这条街最靓的仔》音乐响起，小不点们以舍我其谁的气势，跳起“霸气”的舞蹈，再次点燃了全场的气氛。

“小舞台，大梦想”，学校应该为孩子们创造各种展示自我的平台，点亮孩子们的梦想。在策划这次活动时，我提出了大体思路，形成基本框架；在具体环节中，老师们执行得非常好，想出了很多金点子，取得了非常好的效果。安康广播电台抖音直播的在线观看人数超7000人，师生们的潜力和创造力得到了充分展现。

我想，教师心中应该装着“生活处处都是舞台”的观念，这是一种积极的人生态度。在课堂上，我们用情用心锤炼教学技艺；在校园里，我们用爱心和责任心面对每个人、每件事；在生活中，我们用乐观面对一切艰难险阻，时时刻刻展现自己最精彩的一面。同时，作为教师应该树立“让孩子站在舞台正中央”的育人观，从孩子的视角去思考，充分尊重孩子。这次展演活动让全校师生感受到了快乐，更收获了成长。

我做校长的日常五部曲

成为校长后，每天都很忙碌，我每天都在忙什么呢？仔细梳理，每天的主要工作有这样几方面：

学习反思。每天保证至少半小时的学习时间，将专业学习与碎片学习相结合。为此，我给自己制订了一个晨读计划，每天七点半到校，七点半至八点晨读，我会在这段时间里集中精力学习教育理论专著。比如这学期，我已经读完了朱小蔓主编、刘次林著的《幸福教育论》，佐藤学著、李季湄译的《静悄悄的革命》，并撰写读书笔记一本。此外，我每天坚持在电脑上浏览教育部、陕西省教育厅、安康市教体局网站，《中国教育报》和《中国教师报》网络电子版；在手机上浏览“学习强国”学习平台及校长论坛、专家名师等公众号，利用碎片时间学习，并将学习成果系统化。此外，每周坚持写一篇心得，简称为“一周一得”，记录打动自己的人和事，并进行总结反思，不断积累编纂自己的教育故事。

协调安排。每天早上查看和记录工作日志，近些年，我养成了写工作日志的习惯，将每天的重要工作记下来，完成一件划掉一件。我要管理三个校区，事情特别多，只有记下来才不至于忙乱。同时，我也要求班子成员每月每周记录工作要点，建立台账，对应工作要点和个人工作日志进行协调安排，逐一抓落实。

巡视检查。作为校长，巡视检查是每天必不可少的工作内容。“走遍校园的每个角落，用脚步丈量校园每一寸土地”是我的座右铭。早上八点至八点二十，我会在校门口迎接师生，孩子们的笑脸是我每天的精神食粮。早操、大课间、早自习是我每天巡查的主要节点，当然巡查只是一种方式，重要的是通过这种方式走近学生，走近老师，及时发现问题，解决问题。

上课听课。坚持上课听课是我一直倡导并力行的管理方式，只有在课堂上，我们才能真正了解学生，才能不与教学脱节。因为校长的行政事务较多，一旦脱离课堂，很容易忽视教育教学的细节和规律。学校必须以教学为中心，学校的发展规划和管理制度应该围绕教学工作展开，以有利于教学工作为出发点。领导学校的课程建设是校长必备的专业素养之一，近年来，我一直在思考探索幸福课程体系的构建，这是国家课程校本化、我校幸福教育理念具体化的重要途径。

交流研讨。参与教研组交流研讨也是我每天的必修课。我校综合组的“专业时光”，语文、数学组的大组教研，年级组的集体备课，公开课研讨等活动我都会参加。我还带头设计了以“茶韵课程”为主题的综合实践活动课教学。坚持参与这些活动能够督促自己不断学习思考，丰富理论知识，提升专业水平。同时，我也能够将自己的感悟和思考传递给同事，在与老师们的交流和思想碰撞中达成共识，实现互助成长的目的。

“五会”育新人

习近平总书记指出：“青年一代有理想、有本领、有担当，国家就有前途，民族就有希望。”为全面落实习近平总书记关于培养担当民族复兴大任时代新人的要求，新课程方案从有理想、有本领、有担当三个方面，明确了义务教育阶段培养时代新人的具体要求。

当前，我国青少年的身体、心理素质普遍较差：近视、肥胖、脊柱侧弯等问题高发；心理脆弱，挨不得批评，受不了挫折；不善于合作，情商低，管不住自己的情绪，易怒易躁；不会和人沟通，不善于倾听别人的意见；缺乏团队意识和创新意识；不会劳动，不爱劳动，不懂得珍惜劳动成果。

新课程标准强调要聚焦中国学生发展核心素养，培养学生适应未来发展的正确价值观、必备品格和关键能力。然而在这些素养中，创新意识和创新能力的培养至关重要，一个人造不出宇宙飞船，真正的创新必须依靠团队的力量，所以“合作＋创新”是重中之重。在小学阶段，应着重培养孩子的合作意识和创新能力。

根据“三有”时代新人的培育要求，聚焦核心素养，针对当前我国青少年儿童的普遍问题，结合学校实际，我想应该着重以“会健体、会动手、会学习、会欣赏、会奉献”五个层面为目标，发展学生综合素养。

会健体，练就强健的身体素质。树立健康第一的理念，养成锻炼的习惯，掌握科学锻炼方法，培养体育爱好。很多孩子坐不端、站不直、跳不高、跑不快，为了改变这一现状，首先要开足上好体育课。其次，要求学生至少学会两项体育技能，比如跳绳、篮球、足球、乒乓球、游泳等。再次，要求学生养成良好的生活习惯，合理健康饮食，注重营养均衡，劳逸结合，保障充足的睡眠。

会动手，掌握基本的生活技能。塑造劳动价值观、培养热爱劳动的情感、锻炼意志品质和合作精神。开发校本劳动课程，实施劳动家庭作业，倡导一周至少做一次家务；开展志愿服务，提倡在校园或社区做义工；建设种植园，体验传统农耕和现代农业种植方法；开展小制作、小发明评选活动，提升动手实践能力，培育科学素养。

会学习，发展终身必备的学习力。培养正确的学习态度和学习习惯，培养多方面的学习兴趣，掌握科学的学习方法。党的二十大报告指出，到2035年要建成学习型社会、学习大国。每个公民要树立终身学习的意识。学习力的培养至关重要，其三个要素分别是学习动力、学习毅力和学习能力。小学阶段的教育尤其要注重保护学生的好奇心，激发其学习兴趣，使其养成好的学习习惯。有好奇才会有动力，有兴趣才会有坚持下去的毅力，好习惯能促进学习能力的培养和提升。

会欣赏，培养高雅的生活情调。引导审美需求，培养正确的审美观和审美能力，培养高尚积极的生活态度和追求。开足开齐美育课，成立美育社团，满足不同学生的需求。开展美育跨学科融合实践，充分发挥各学科的美育功能。定期开展美育展示活动，积极开展班级、年级、校级展示展演活动，为每位学生提供展示的平台。营造校园美育氛围，充分利用橱窗、展示屏、校园电视台、校园网等打造文化艺术展示空间。

会奉献，锻造高尚的道德品质。培养主体意识、集体意识、公共意识和家国情怀。上好思政课，成立道德与法治教研组，提高教师教学水平，提升教学效果；开展社会实践活动，让学生走进工厂、科技场馆、军营、博物馆等，现场体验，培养奉献意识；邀请相关行业专家进校园宣讲，师生聆听先进事迹，陶冶道德情操。

学校环境文化的建设与思考

学校文化建设是学校德育工作的重要方面，良好的育人文化离不开外在环境的支撑与烘托。我校有90年的办学历史，文化底蕴深厚。经过多年的探索，我们确定了“为学生终生幸福奠基”的办学理念；提出了“培养会健体、会动手、会学习、会欣赏、会奉献的时代新人”的育人目标。

怎样建设富有特色的环境文化，凸显我们的办学理念和培养目标呢？怎样将传统文化很好地融入环境氛围，使其成为教育资源呢？怎样做到让每一面墙壁都说话，让校园真正成为孩子们学习成长的乐园呢？

经过外出参观学习，交流讨论，思考提炼，我把学校环境文化的内容确定为这样几大块：红色基因、传统文化、风土人情、天文地理、科技成就、艺术成就等，呈现形式上要注重体现交互性，在固定内容的基础上适当留白。

整理出建设脉络后，我又进一步统筹思考具体条件。学校有两栋教学楼，南楼五层有四条楼梯通道，北楼四层有五条楼梯通道，操场周围有两面院墙，我们需要将校园文化相关内容呈现在九条路和两面院墙上。基于以上思考，结合学校的现实条件，我们最终确定了如下设计方案：

着力打造九条路，分别是奋进路、艺术路一路、艺术路二路、平安路、先锋路、民俗路、地理路、科创路、天文路。

构建九大主题楼层文化，南楼以教师风采、国学、科技、航天、师德为主题，北楼以历史朝代、世界之窗、古代科技、民族艺术为主题。

院墙文化主打两条线，以国学经典和民俗传统文化为主，包括《三字经》《弟子规》等国学经典，以及《凿壁偷光》《黄香温席》等传统文化故事，十二生肖、龙生九子、二十四节气等民俗文化相关内容。

奋进路。以党建为主题，融合革命文化内容，介绍中国共产党的发展历程，梳理中共一大至二十大的时间线，盘点党的发展历程中的重大事件、重要人物，穿插介绍安康本地的革命英雄人物。具体设计以“永远跟党走”为文化主线，设置党员活动展示区、“不忘初心、牢记使命”党员学习心得展示栏和党员权利、义务、组织制度及党务公开栏。其余板块分区域介绍从中国共产党的一大到二十大的会议召开情况、重要内容、历史意义，并附有革命先驱、革命历史、本地英雄人物等知识。革命历史板块分别介绍了中国共产党成立、南昌起义、井冈山革命根据地创建、红军长征、遵义会议、卢沟桥事变、百团大战、中华人民共和国成立、雷锋精神、两弹一星等内容。革命先驱板块依次介绍了陈独秀、李大钊、董存瑞、刘胡兰、邱少云、黄继光、杨靖宇、左权、叶剑英、刘少奇等革命英雄人物。本地革命英雄人物板块介绍了石泉县的陈雨皋、王范堂，汉阴县的沈敏、何振亚、沈启贤、罗少伟、杨弃、沈继刚，平利县的张惠民、廖乾武等革命英雄。

艺术路。南楼的中间两个楼梯被命名为艺术路，重点展示学生的绘画等艺术作品。艺术一路主要以手抄报为主，展示板块被分别命名为主题之星、创意之星。艺术二路主要以书画作品为主，展示板块被分别命名为书法之韵、绘画之美。

平安路。以安全为主题，主要介绍安全知识、安全常识，宣传学校开展的安全教育相关内容。具体内容有：日常安全防范，包括防碰撞、防滑、防摔、防坠落、防意外伤害、防火及用电安全、防骗知识、交通安全、火灾自救、地震自救等；学校安全教育风采展示，包括上下楼梯礼仪、课间活动、安全习惯、食品安全、向欺凌说不等。

先锋路。以少先队文化为主题，具体内容包括从1984年中国少年先锋队第一次全国代表大会到2020年第八次全国代表大会召开情况简介。我国儿童组织的发展史：从劳动童子团、共产主义儿童团、抗日儿童团、儿童团和地下少先队到中国少年先锋队的建立。少先队队旗信息、入队宣誓誓词、入队六会要求、入队六知内容、中国少年先锋队的入队仪式、队歌、队徽标志、队礼姿势等。另辟三块展示区分别展示优秀少先队干部、争当小明星、少先队活动风采。

民俗路。以民俗为主题介绍中国传统节日，安康本地民俗和传统文化，留白处展示学生手抄报。内容包括清明节、龙抬头、元宵节、春节、端午节、中秋节、重阳节、腊八节、除夕等传统节日，旬阳火狮子、汉阴花鼓戏、安康道情、采莲船、汉调二黄、赛龙舟等本地风俗。

地理路。以重要景点为主题，介绍各地特色，如安康本地风景名胜香溪洞、石泉燕翔洞、中坝大峡谷、瀛湖、南宫山、凤堰古梯田、双龙生态景区、筒车湾休闲景区、飞渡峡、天书峡等；陕西省重点名胜古迹，如骊山、壶口瀑布、西安古城墙、黄帝陵、大明宫、法门寺、大雁塔、华清池、华山、秦始皇兵马俑等；全国名胜古迹，如长江三峡、杭州西湖、北京故宫、桂林山水、长城等；世界名胜古迹，如澳大利亚大堡礁、圣家族大教堂、埃菲尔铁塔、自由女神像、美国大峡谷等。

科创路。以科创为主题展示国家最新科技创新成果，具体内容有“奋斗者”号、“天鲲号”、“华龙一号”核电机组、“鲲龙”AG600水陆两栖飞机、南昌舰、“慧眼”卫星等。

天文路。以天文知识为主题，介绍太阳系八大行星，金星、木星、水星、火星、土星、天王星、海王星、地球；展现太阳系行星分布图，介绍各大行星的体积、重量以及与太阳之间的距离。

楼层文化

南楼一层。以展现红烛计划骨干教师风采为主题，内容包括新秀型教师、骨干型教师、名师型教师、专家型教师、红烛型教师。

南楼二层。以中国汉字为主题，重点呈现“安康”两个字的演变过程，甲骨文、金文、小篆、隶书、草书、楷书、行书的字形，发展简史及代表人物。

南楼三层。以现代科技为主题，电子屏展示云科技，配有小插图介绍“辽宁”号航空母舰、“神舟五号”飞船、中国“天眼”射电望远镜、港珠澳大桥、中国高铁、“蛟龙”号载人潜水器等。

南楼四层。以中国艺术为主题，重点展示国内艺术文化，电子屏展示中国传统音乐、美术等方面的重大艺术成就。

南楼五层。以航天科技为主题，重点介绍中国航天历史上取得的成就，如明朝万户飞天；1960年上海机电设计院自行设计和制造的T-TM试验型液体燃料探空火箭试射成功；1970年第一颗人造卫星“东方红一号”在酒泉发射成功；1975年第一颗返回式卫星发射成功；1981年“一箭三星”发射成功；1984年第一颗通信卫星升空；1988年第一颗气象卫星“风云一号”在太原发射成功；1999年第一艘无人试验飞船“神舟一号”飞船在酒泉发射成功；2002年第一颗海洋卫星“海洋一号A”在太原发射成功；2003年杨利伟乘坐的“神舟五号”载人航天飞船发射成功；2007年第一个月球探测器“嫦娥一号”发射成功；2008年翟志刚、刘伯明、景海鹏乘坐的“神舟七号”发射成功；2011年“天宫一号”发射成功；2013年月球探测器“嫦娥三号”发射成功；2018年“嫦娥四号”中继卫星“鹊桥号”发射成功，第一个全球导航系统“北斗”卫星导航系统正式启用；2020年“嫦娥五号”返回器携带月球土壤样品顺利返回；2020年“长征五号”运载火箭搭载空间站和核心舱发射升空……此外，还介绍了著名航天人物，如钱学森、屠守锷、孙家栋、王永志、姚桐斌、任新民等。

南楼六层。以师德建设为主题，展示安康市教体局下发的教师从教行为十禁止、四有好教师、四个引路人、四个相统一等内容，安康市一小教师职业誓言，教职工日常行为“八不”要求等。

北楼一层。以祖国在我心中为主题，左面墙展示中国地图、56个民族、历史朝代等内容，右面墙展示“五旗一徽”。

北楼二层。以世界在我眼前为主题，左面墙展示世界地图、“一带一路”经济带，右面墙展示古丝绸之路地图。

北楼三层。以古典艺术为主题，左面墙展示中国古代十大美术代表作，右面墙展示中国古代十大乐器。

北楼四层。以时代少年为主题，左面墙展示优秀学生图集，右面墙展示优秀毕业生图集。

院墙文化

南面操场边院墙展示《三字经》《百家姓》等国学内容。

北面操场院墙展示十二生肖、二十四节气、龙生九子等内容。

寻找自己未来的样子

我常常想，现在的我是十年前或者二十年前，甚至是小时候想象的模样吗？十年、二十年、三十年后我又会变成什么模样呢？

孔子说："吾十有五而志于学，三十而立，四十而不惑，五十而知天命，六十而耳顺，七十而从心所欲，不逾矩。"

现在的我已近不惑之年，能做到不惑吗？比起十年前的我，岁月已经在脸上刻下印记，时光易逝、容颜易老，这是自然规律。但历经岁月的磨砺，我的内心、思想、灵魂是我所追寻的吗？

十几岁时，我从一个偏僻落后的小山沟来到安康市师范学校求学，毕业后有幸留在安康市第一小学任教，历经市、省、全国教学大赛，教育局挂职锻炼，西藏阿里地区普兰县援藏，从一名普通教师成长为省级教学能手、省级学科带头人、高级教师、安康市第一小学教育集团校校长。一路走来，虽然艰辛但收获了成长和进步，也算得上有所成。

然而，这就是我最高的追求吗？这就是我儿时期盼的样子吗？小时候的我根本没想过社会变迁、时代更迭，我仅仅是沧海一粟，并不能脱离社会大环境而不染尘埃。

接到校长任职通知后，很多关心我的亲朋好友都打来了祝贺电话。我总是回答说："感谢你的关心，没有什么值得祝贺的，这是一份苦差事。"别人眼中的光鲜亮丽在我眼中怎么就变成了苦差事呢？我觉得作为校长必须能吞下以下几苦：

第一，学习之"苦"。学习本来就不是一件轻松愉悦的事情，作为校长必须坚持终身学习，紧跟时代步伐，不断更新教育理念，开阔眼界，厚植文化根底，做思想的引领者。

第二，担当之"苦"。校长要勇于担当，敢于担责，善于化解矛盾。胸怀宽广，以全体师生的利益为重，能容人、容事，听得了意见，做得了决策。

第三，躬行之"苦"。最好的管理莫过于示范，校长是学校的领头人，要谨言慎行、以身作则，要求老师做的自己能做到，高度自律，受得住各种约束。

第四，克己之"苦"。面对各种利益的诱惑能保持清醒的头脑，不为所动，守得住清贫，经得住考验，要以唐僧取经的精神，用笃定的信念，顽强的意志，实现自己心中的愿景。

我之所以认为校长是一件"苦"差事，因为我心中笃定的教育信念和理想是让老师们过一种幸福的教育生活，舒适开心地工作；让孩子们享受优质的教育资源，健康快乐地成长，为幸福人生奠基。

这是今天的我。未来的我是什么样子呢？是头发稀疏、牙齿脱落、步态不再稳健的小老头，还是身体健硕、精神饱满、思想深邃的智慧老人？再过二十年，我们来见证吧！

学校楼名的确定

一直以来，我校的教学楼没有名字，大家按照方位简称为南楼、北楼。好多学生和老师一直都分不清哪栋是南楼，哪栋是北楼，外单位人员来校更是晕头转向。于是我就有了给每栋教学楼起一个名字的打算。

起名字说起来简单，做起来可不是一件容易的事。山的名字有的是因为形态而来，有的是出自某一典故；人的名字有的是寄托了爸爸妈妈的期望，有的是出自经典诗词等。教学楼的名字该怎样确定呢？

经过一番思考，我作出了这样的设想。我们学校有90多年的办学历史，经过前期梳理，专家指导，我们提出了幸福教育的办学理念，把为学生终生幸福奠基作为我们的办学使命。学校共有三栋教学楼、一栋综合部室楼，将这四栋楼都以“福”字开头，分别取名为福源楼、福闻楼、福睿楼、福雅楼。

福源楼位于一进校门的位置，这栋楼有荣誉室、校史馆（待建），是学校90余年历史之源。这个“源”字有源头、源泉、根源之义，也有源源不断之义。福源楼的名字有幸福人生要饮水思源、不忘根本的寓意，也象征我校将源源不断地培养更多栋梁之材，涌现更多优秀教师。

福闻楼位于操场边，这栋楼有阅读大厅、广播室、校园电视台。“闻”字有听见、见识、名声、闻名之义。福闻楼的名字意为博学多闻是实现幸福人生的重要基础，同时象征学校高质量发展，学生多出栋梁，教师队伍多出名家，远近闻名。

福睿楼位于北门边，这栋楼五楼有科创教室，楼道宣传主题为科创主题文化，展示学生的小制作小发明。“睿”字有睿智、聪慧之义，福睿楼的名字寓意开发智力使学生聪慧。

福雅楼即综合楼。这栋楼内有体育、音乐、书法、美术、茶艺各部室，以健体和培养艺术素养为主要功能。“雅”字有文雅、优雅、高尚之义，楼名寓意幸福人生需优雅高尚的品格。

为学生的幸福人生奠基，就是培养其具有饮水思源之本，博学多闻之才，聪明睿智之能，优雅高尚之品。

思考好后，我将这些设想整理成文字，发给中层以上班子，征求大家意见，得到了一致认可，就这样我们的每栋楼都有了自己的名字。

三八妇女节

2017年3月8日是第107个国际劳动妇女节，在周一全体教师大会上，王斌校长宣布了一个好消息，他说："我们学校被评为全国三八红旗集体，全省只有6个单位获此殊荣，我们是其中之一，非常感谢我们学校的女教师们为学校作的贡献，同时提前预祝大家节日快乐！"我们学校有154名教师，其中女教师有104人，已经超过了一半人数，周三就是三八妇女节，我想给我们办公室的老师们送一个惊喜，我们办公室有20名教师，女教师有16人。

周二下午下班后，我专门从水果超市买了19个苹果，回家后我对女儿乐乐说："明天是三八妇女节，爸爸想给办公室的女老师们送礼物，想请你帮忙给每个苹果画一个笑脸，然后我在上面写'节日快乐'几个字。"刚上一年级的女儿一听是给老师送礼物，高兴极了，赶快拿起彩笔认真地画起来，我也用彩笔在她画好的苹果上用心地写下"节日快乐"四个字。不一会儿工夫，我们的杰作就完成了，我期待着老师们看到礼物后的情景，她们应该不会想到我有这一手。

第二天一早醒来，我在学校微信群里发了一个20元的节日快乐红包，祝所有女士节日快乐、身体健康、青春永驻，然后便提着这些“神秘”礼物快步走向办公室。一进办公室，熊红霞、熊梅还有这学期聘请的代课老师周燕飞已经来了，我对她们说：“女神们，节日快乐！”然后给大家一人送了一个苹果。她们接过苹果，看到上面还有字都很惊喜。熊红霞老师说：“谢谢您，您真细心！”熊梅说：“这是我收到的最特别的礼物，真心谢谢您！”周燕飞抿着嘴一笑，有点羞涩地说：“谢谢您！”其他老师还没来，我就在每个人的桌上放了一个苹果。语文组的老师都上自习去了，只能等下操后再去她们办公室表达我的祝福。

上完早操，我来到语文组办公室，胡咏梅、罗红艳、方传霞、洪志坚四位老师在办公室，其他老师还没回来。我对女老师们说：“祝我心中的女神们节日快乐，这是我送给大家的祝福。”我一边说一边拿出苹果递到她们手中，然后走到洪志坚老师面前，开玩笑地说：“我们男士也跟女神们一起过节，祝你这位帅哥节日快乐。”说完，我递给他一个苹果。这几位老师看到苹果上的“杰作”，都开心地笑了。方传霞老师说：“这是我三八妇女节收到的最有趣的礼物。”罗红艳老师说：“没看出您还是一个挺浪漫的人，谢谢您的礼物。”胡咏梅老师说："您给我们这个办公室带来了活力，我们很开心。"洪志坚老师提议大家一起拍一张照片，记录这一幸福开心的瞬间。他拿起手机给我们几个照了合影，定格大家的开心时刻。

为张飞老师点赞

春雨贵如油。在开学之际，如丝的细雨连续下了两三天，气温也降到了10℃以下，那些刚穿上薄衣服的小伙子和大姑娘又不得不换回厚厚的冬装。校园里的塑胶跑道前几天还因为放寒假满是灰尘，这几天被雨水洗得格外干净。孩子们在运动场上追逐打闹，尽情嬉戏。一个低年级的小男孩一不小心脚下一滑，向前摔倒在地上，小手重重地拍在地上的积水处，将带着泥的黑水溅得几尺高，弄脏了旁边小姑娘的衣服，小姑娘捂着脸哭着跑去告老师。小男孩一骨碌爬起来，顾不上疼，跟在后面追，好像要解释这不是他故意的。放学时，下课铃还没响，学校门口已经挤满了家长，在最前面的当数那些老爷爷、老奶奶。他们伸长了脖子往校园里看，好像已经好久没看到自己的宝贝孙子、孙女了。一位老奶奶好不容易从人群中看到了自己的孙子，见到他身上的泥水和抹得脏兮兮的脸，大声骂道："你这个淘气包，早上你妈妈给你换的干干净净的衣服，才一天时间就成了这个样子，不懂得心疼你妈妈！”她一边骂着，一边从孙子的背上抢过书包背在自己的肩膀上，只见她半弯着身子，拉着孙子的手消失在人群里。

这场雨无疑给忙碌的开学工作添了一些乱，但一切又都有序地进行着。全国两会的声音也被这春雨带到了校园里，传播到了全校老师的耳朵里。特别是陈宝生部长在两会“部长通道”接受采访时说，要为教师办好六件事，分别是一提、二改、三育、四用、五保、六尊。一提就是提高地位，提高待遇；二改就是改革教师编制配备制度，改革教师入职准入和离职制度；三育就是要振兴师范教育，培育未来的教师，培训现有教师，培养适应现代化建设、担当民族复兴大任的教师队伍；四用就是提高教师地位和待遇，最好的是要使用他们，压担子、指路子、出点子、给位子、发票子，让他们能有实现自身价值的机会；五保就是一保障、二保护，提供经费保障，保护教师的合法权益；六尊就是全社会要提倡尊师重教。这些好消息就像这春雨沁入心田，让人备受振奋和鼓舞。

老师们已从假期的休闲状态进入了工作状态，用最好的精神面貌迎接新学期。在五年级（2）班的教室里，有位拄着双拐上课的老师，他叫张飞，是通过全市选调招考调入我们学校的。周二下午自习课，我经过五年级教室，无意中看到张飞老师正拄着双拐给孩子们上课，我不禁拿起手机将这一感人的画面迅速拍下来。下课后，我对张老师说：“你带病坚持给孩子们上课，精神可嘉，我要为你点赞！”张老师还有点不好意思，他说：“我不想一开学就请假，更不想让孩子们开学第一天就看不到我这个班主任。”我对孩子们说：“张老师拄着拐杖给你们上课，你们是不是要为张老师鼓掌？”话音刚落，教室里就响起了热烈的掌声。我继续说：“张老师是去年9月份开始给你们代课的，到现在仅仅半年时间，但我看得出来，他非常爱你们，路都走不成了也要坚持给你们上课，你们应该为有这样一位好老师而感到幸福，要尊敬老师、好好学习、不要淘气。”说完我离开了教室，身后再次传来了热烈的掌声。

新时代呼唤“好老师”。国家相继出台了《深化教育体制机制改革实施意见》《深化教师队伍改革实施意见》，把优先发展教育摆在

首位，要提高教师待遇，要让尊师重教蔚然成风，要让教师成为让人羡慕的职业等。一系列的普惠政策犹如缕缕春风，吹遍神州大地。我们广大教师也正在用自己的实际行动，践行着初心和使命，在三尺讲台上尽情挥洒激情和汗水！

每一位校长都要成长为“好校长”

中共中央、国务院《关于全面深化新时代教师队伍建设改革的意见》指出要加强中小学校长队伍建设，努力打造一支政治过硬、品德高尚、业务精湛、治校有方的校长队伍。陶行知先生曾经说过，校长是一个学校的灵魂，学校的好坏和校长最有关系，一个好校长就是一所好学校。因此，新时代需要每一位校长都成长为“好校长”。

好校长要怀揣两颗心，那就是爱心和童心。没有爱就没有教育，做校长必须心中有爱，应把教育当作毕生的事业。习近平总书记在新时代的好老师标准中指出要有“仁爱之心”，这很好地诠释了“爱心”是每一位教育工作者必备的重要职业素养。作为校长还应该有一颗“童心”，童心代表正直、善良、淳朴、天真和好奇。保持童心就是要换位思考，从孩子的角度看问题，满足孩子的精神需求。遵循教育规律，培养全面发展的人。

好校长要肩挑两副担，那就是责任和使命。《义务教育学校校长专业标准》指出，校长是学校改革发展的带头人，担负着引领学校和教师发展，促进学生全面发展与个性发展的重任；要明确学校的办学定位，履行实施义务教育的工作使命。因此，我们一是要明确办学定位，做一个有远见的校长。坚持以人为本的宗旨，把促进每个学生健康成长作为学校一切工作的出发点和落脚点。二是要集思广益，做一个有胸怀的校长。组建一支骨干团队，团队中既要有行政班子成员，也要有一线教师，时常为学校的发展问诊把脉，多方征求意见，制定学校发展规划，确定中长期发展目标。三是要潜心研究，做一个有故事的校长。积极撰写教育案例，研究教育中的真问题，不断积累经验，创造自己的教育故事，提升专业管理水平。

好校长要心怀两种精神，那就是坚守和创新。不忘初心，方得始终。教育是一方净土，承担着把广大学生培养成中国特色社会主义合格建设者和可靠接班人的重任。要心无旁骛抓教育，一心一意搞管理。要把立德树人作为教育工作的根本任务，咬定青山不放松。时代发展和科技进步对教育提出了更高的要求，创新是教育发展、学校发展必须破解的问题。不墨守成规，不唯我独尊，牢牢把握教育规律和人才成长规律，为学校发展、教师发展、学生发展打通路径，成就每一个幸福的个体。

好校长要手握两个宝，那就是学习和践行。作为一名新时代的校长，学习是根本，践行是关键。新时代的校长既要树立终身学习的观念，用理论武装头脑；也要学思践悟相结合，用理论指导实践。要学习政策法规，倾听时代的声音。进入新时代，党和国家对教育有了新的要求，人民对教育有了新的期盼，只有不断学习，才能紧跟时代的节奏。

教育要面向未来，面向世界，面向现代化，因此要开阔视野，把握国内外教育改革与发展的趋势。随着互联网时代的到来，未来社会，人工智能将无处不在，要充分利用信息技术资源，提高管理效能，丰富课程建设，培养适应未来社会的全面发展的人。作为教师更要博览群书，努力提升自身文化素养。《礼记·学记》有云："学然后知不足"，只有加强学习才能看出自身的差距。苏霍姆林斯基说过，"要用思想引领学校"，而思想的提炼需要深厚的文化底蕴和素养。我们在实际工作中要动用一切力量实践、探索、总结教育规律，提炼教育思想，形成办学理念，努力成为好校长，办新时代的好学校。

第三章

理解尊重
赢得童心

好老师是一种平和的心态

今天读到特级教师李镇西老师的一篇文章《郭继红——大气而优雅》。文章介绍郭老师在一篇随笔中写道："要做好十分耕耘也未必会有一分收获的准备，要长期持续地震动孩子们的心灵，要放低不切实际的要求，以更大的耐心、爱心和智慧来促使他们进步。心态发生了变化，看问题的思路也发生了变化，班上仍时不时出现这样那样的问题，我坦然地告诉自己：这就是生活，这就是教育，总有新问题不断出现，总有矛盾需要化解，总有方法去解决。无论我们以前的经验有多么成功，在新的历史背景下都需要诚实面对，认真思考，努力付出，不断改进。新情况、新问题、新举措应该是教育的常态。"

李镇西老师觉得这一段话引起了他强烈的共鸣，李老师在著作《做最好的老师》的序言中写道："做最好的教师！是一种平和的心态，也是一种激情的行动；是对某种欲望的放弃，也是对某种理想的追求；是平凡的细节，也是辉煌的人生；是'竹杖芒鞋轻胜马'的闲适从容，也是‘惊涛拍岸，卷起千堆雪’的荡气回肠。”

在今天的数学课上，一个女学生一直未进入听讲状态，眼睛始终没有向前看，双手放在抽屉里，头老是低着，集体回答问题时也没张口，我看了她几次，想通过眼神提醒她，但没有起丝毫作用。最后我只好走到她面前，问：“你在干什么？”她红着脸，支支吾吾不肯说。她的同桌心直口快地说道：“她在写小说。”写小说？上课不听讲，一个五年级的学生能写出什么名堂？我气不打一处来，正想张口批评她，但转念一想，这或许是一个教育契机。想到这里，我强压下心头的怒火，对这个女学生说：“在课堂上要认真听讲，只有先完成学习任务，才会有更多时间做自己喜欢的事。”

从开学到现在，她给我的印象是学习很被动，上课注意力不集中，学习成绩也不好，最近两次考试，成绩都在70分以下。她平时喜欢找周围的同学说闲话，由于同桌纪律表现很好，她只能和座位前后的同学说。提到她，我想到的几乎全是缺点，她居然会写小说，这让我感到意外。既然有这样的兴趣，如果她在学习上专心一些，成绩应该不会差到哪里去。

课后我把她叫到办公室，问道：“你在写小说吗？写的是什么内容？”她小声回答：“写的是关于小动物的故事，现在没再写了。”看样子她肯定害怕了，以为我要责罚她。我又对她说：“写小动物，非常好啊！说明你有爱心，可为什么又不写了呢？”她说：“知道写小说不对，以后保证不写了。”看来她还是很恐惧。我说：“喜欢写作是一件好事，要坚持下去，胡老师很支持你，但是在课堂上应该认真听讲，你可以利用放学写完家庭作业后的时间写，还可以利用周末的空闲时间写。这样你就能安安静静、痛痛快快地写，在课堂上写是不是担心被同学发现，担心被老师批评？”她说：“是的。”我表明态度以后，她渐渐放松了紧张的心情。我又说：“如果你想有更多的时间写，就要学会安排时间，在课堂上认真听讲，扎实地掌握知识，这样一来，你做作业的速度就快了，空闲时间也会更多，就会有更多时间去做你想做的事。此外，你的学习效率提高了，成绩进步了，老师和家长也会支持你写作。”她激动地说：“是的，谢谢胡老师。我会好好听讲，按照您说的去做。”看到在她眼睛里有一种晶莹的东西在闪动，我对她说：“老师相信你，也支持你，加油！”我轻轻摸摸她的头，说：“回教室去吧！”看着她轻快地往教室走去，我轻松地舒了一口气。

我们班的体育委员是个个子高挑的小姑娘，上早操能积极组织整队，上课纪律表现不错就是发言较少，这是她给我的印象。有一次下课我走出教室，忽然想起我的笔忘在讲桌上了，于是转身回教室去拿。当我走进教室，看到她坐在第三组第二排，正拿着别人的课堂作业本抄作业。我悄悄地走到她面前，站了大概十几秒，她才发现身边有人，当她抬头发现我正注视着她时，脸唰的一下通红，表情有恐惧、惭愧、内疚……我看了她一会儿后，轻轻地说了一句："这不是你应该有的表现吧？"然后转身离开了，当时我很生气也很失望，在我心中她是一个懂事好学的孩子，第一单元数学测试她考了94分，这么看来成绩也许有水分，眼前的一切让我很不是滋味。我迅速拿起笔，气愤地离开了教室。

小姑娘可能是认识到了自己的不对，也可能是从我的言行中感受到了怒意。我刚进办公室，她就跟进来了。她走到我面前，对我说："胡老师，对不起，我错了。"说完她便低着头，等着我的回答。看到她主动承认错误，我也缓和了态度，对她说："你错在哪里？"她说："我不该抄别人的作业。"我又说："你能认识到自己的错误，也能主动承认错误，说明你是懂事的孩子，在学习上我们一定要诚实认真，不能弄虚作假，不然就会不停地退步。这次我可以原谅你，希望你以后认真努力地学习。"她说："我会的，我以后一定不再抄作业。"我对她说："老师相信你，只要有改变自己的态度和决心，就能做到，回教室去吧。"她向我敬了一个队礼，说："谢谢胡老师"，转身走出办公室。

上次谈完话后，我一直关注着她的表现。这周每次上课，她都早早地准备好学习用品，课堂表现很好，坐姿非常端正，听讲也很认真。于是，我当着全班同学的面表扬她，要大家向她学习。周二第三单元的数学测试，她只考了66分，看到她的成绩我既着急又高兴，着急的是她的基础确实不好，高兴的是她虽然只考了66分，但这肯定是她的真实成绩，说明我和她的谈话起作用了。我又把她叫到办公室，对她说：“从上次我们谈话以后，我看到了你的改变，胡老师很高兴，果然没有看错你，这次你虽然只考了66分，但这肯定是你真实的成绩，对吗？”她说：“是的，胡老师。”说着她不好意思地低下了头。我说：“胡老师愿意帮助你提高成绩，我们一起加油，好不好？”她激动地说：“好！”看到孩子的反应，我没有再多说什么，轻轻拍拍她的肩膀说：“一起加油，回教室去吧！”

带这个班第七周了，班上好多孩子的学习习惯都很不好，有时候真的觉得烦躁，恨铁不成钢，然而每当想要放弃的时候，我总不停地提醒自己要有耐心，要给孩子改变的时间和成长的空间。今天读到了郭继红老师和李镇西老师的文章，犹如在沙漠中遇到一股清泉，沁人心脾；又像是遇到穿透迷雾的阳光，让我看到了努力的方向。

检查家庭作业

每次检查家庭作业，总是需要很长时间，有时候组长一直到下午自习下课了才给我反馈情况。这学期一开始，为了促使孩子们养成好习惯，周四早自习，我专门利用一节自习课的时间给孩子们讲关于学习习惯方面的要求，内容包括要求每个孩子每天把自己的家庭作业摆在桌面上，主动给组长检查。周五第一、第二节课的课间，寇洁在楼道见到我说："胡老师，谢同学每次都不把作业拿出来，问他要他还不给。"我说："有这样的事？我去问问是什么原因。"

我到办公室看了组长检查作业的情况记录本，有好几个孩子都被画了"×"，我统计了数据后气不打一处来，为了减轻孩子们的作业负担，我尽量把作业控制在30分钟内可以完成的量；为了方便组长检查，又要求大家把作业放在桌面上，但还是有这么多孩子完不成学习任务。气归气，办法还是要想，我将他们的名字一一记在一个专用的笔记本上，下午自习课在班上点名，要求这些孩子周会课带着作业到我办公室谈话。

周会课，这些孩子都准时到了我的办公室。我一一询问情况，多数孩子是因为没有把作业摆在桌面上，被组长记下来了。我说：“组长每天检查作业是为同学们服务的，你们课间都可以开心地玩，组长却要辛苦地检查作业，而且要检查整个小组的，如果你们不配合，不按照要求做，会给组长的工作带来很大困难，以后不能再这样，我将你们的名字登记下来了，我要看你们今后的表现。”在孩子们表示认识到了自己的错误后，我让他们先回教室，单独留下了谢同学。

然后，我对他说：“你这周有三次都没有完成作业，是怎么回事？我想听听你的解释。”他说：“我主要是没有把作业放在桌面上。”我说：“你把作业给我看看。”他递过手中的作业，我仔细检查了一遍，发现字迹还是比较工整，而且家长每天都批改了。我问：“你为什么不给组长看呢？”他说：“我老是记不住。”这个孩子最喜欢给老师“跑腿”，拿课本、擦黑板，积极得很，但就是管不住自己，上课爱做小动作，拿块橡皮都能玩半天。我说：“你有很多优点，是老师的小帮手，比如经常帮老师擦黑板、搬东西，这很讨人喜欢，但是你在课堂上注意力不够集中，经常管不住自己，动不动就玩橡皮，干扰同桌。没有把家庭作业及时摆在桌面上，也是因为你的自我管理能力不够强。”他点头说：“是，我以后改正。”我说：“改正，不是光嘴上说，要拿出行动来，我要看你今后的表现。”他说：

“好。”

孩子们的日常都是一些琐碎的小事情，但要培养好的学习习惯，得从小事做起。

与其由老师讲，不如让学生自己讲

学生们一直要我在课堂上多讲故事，因此这几周我坚持每周讲一个或两个，时间一般安排在周五下午第一节自习课。但我逐渐发现没有故事可讲了，有时候自己查了资料又没时间准备。有一天，我和女儿放学往家走，在路上她对我说："今天我同桌给我讲了一个故事，特别好听。"我说："那你把这个故事讲给我听听。"女儿就开心地把这个故事给我讲了一遍。我突然想到，与其由我给同学们讲故事，不如让他们自己讲，这样故事的内容会更丰富，而且孩子们也能通过讲故事锻炼表达能力。于是第二天，我在课堂上提议每次请一位同学给大家讲故事，同学们一致赞成。

很快，周五讲故事的时间到了。我说："谁愿意给同学们讲一个故事？"话音刚落，刘宇轩同学就迫不及待地举起了手。于是我说："有请刘宇轩同学给大家讲故事。"他快步走到讲台中央，我也很配合地走到台下当起了听众。刘宇轩同学说：“我今天给大家带来的故事叫《一切都是安排好的》。有一个国王，他在出去打猎的时候被猎物咬掉了一根手指，回到王宫后，大臣们都来看望他。其中一位大臣对国王说：‘这一切都是安排好的。’国王听后非常生气，就把这位大臣关进了牢房。后来，国王恢复健康后又去打猎，结果遇到了食人族，食人族把国王的手下都吃掉了，但食人族有个规定，不吃残疾人，国王缺了一根手指，所以被放了回去。国王回到王宫后，想起那位被他关进牢房的大臣，觉得很愧疚，赶紧把大臣放了出来，并向其道歉。那位大臣说：‘这一切都是安排好的，如果您不把我关进牢房，我肯定会跟您去打猎，那么我就会被食人族吃掉。’”故事讲完了，刘宇轩总结道：“这个故事告诉我们有时候换一个角度看问题，会有不一样的效果。”同学们听完后，报以热烈的掌声。

其实让孩子们在班上讲故事，比由我一个人讲更能激发他们的兴趣，课堂效果更好。

你来说，我来听

给五年级（9）班上课已经两周了，我需要尽快了解每一个孩子，也让孩子们尽快熟悉我这位数学老师。周一早晨上完数学课后，我故作神秘地说："今天我给你们布置一项特殊的数学作业。"孩子们一脸期待，我接着说："一直以来都是你们听老师讲，按照老师的要求做。现在我想给你们一次机会，每个人都对胡老师说几句话，可以说胡老师的优点，也可以说缺点，还可以提建议，你们回去后想一想，本周三下午自习课时对胡老师说。"话音刚落，孩子们就像炸了锅，三三两两地聚在一起商量，有兴奋的、有激动的、也有紧张的……当孩子们热火朝天地议论时，我悄悄离开了教室。"亲其师而信其道"，只有与孩子们打成一片，把孩子们当作朋友，孩子们才会从内心接受并喜爱你这位老师，特别是对于才接手的新班，和孩子建立起良好的师生关系尤为重要，这就要老师保持一颗童心，把自己也当作小孩子。正如陶行知先生所说："我们必得变成小孩，才配做小孩的先生。”

一转眼就来到了周三的自习课，我也怀着期待的心情，想听听孩子们都会对我说些什么。上课时我走进教室，顿时感觉到一种别样的气氛弥漫在空气中，教室里非常安静，同学们坐得端端正正，有的一脸严肃，好像要开批斗会；有的明明想笑却强忍着，脸憋得通红；有的用眼睛直直地盯着我上下看，若有所思的样子。在这种氛围中，我倒是感觉有点不自在了，就像一个犯了错，等着接受大人批评的小孩子。我走到讲台中央，清了清嗓子，故作镇定地说：“同学们，我已经给你们上了快三周的课了，特别想听听你们对我的看法，想了解你们给我的建议，现在我们开始。班长贺新杰，请你先说。”我首先点到我们的班长。贺新杰站起来后，还没开口脸先红了，她支支吾吾，一反常态。平时她发言很积极，声音也很洪亮，今天难道是紧张了？或者是不好意思？我鼓励道：“不要担心，大胆说，胡老师乐意听。”这时刘欣茹站起来，大声说：“胡老师，她给您写了一副对联，不好意思念。”这时我才发现贺新杰手中拿着一张纸条，她这一说，孩子们都大笑起来，看来他们都知道了。这吊起了我的胃口，我迫不及待地对贺新杰说：“赶快念吧，我正等着听呢！”贺新杰还没张口就笑弯了腰，这时坐在她正前方的一个虎头虎脑的男生忽地站起来，一把抢过贺新杰手中的纸条，大声地读了起来：“又高又帅有文化，高鼻大眼大长腿。”读完后全班同学又一次大笑了起来，教室里响起了热烈的掌声。这个男生我还叫不上名字，问过之后，才知道他叫韩梦哲，于是我请韩梦哲同学第二个说。韩梦哲好像拿到了尚方宝剑一样，大声说："我觉得胡老师很帅，讲课思路很清晰，我喜欢这样的数学课，如果胡老师能多讲一点故事就更好了。"

一阵大笑之后，孩子们明显放松了很多，接着我又喊到了学习委员刘舒畅。刘舒畅大声说："我觉得胡老师课讲得很好，很有耐心，再幽默点就更好了。"这时已经有几个男生迫不及待地举起了手。杨泽新说："我以前没有认真学习，胡老师来了我要努力学习，希望胡老师把上课的气氛搞轻松一些。"丁潇潇说："希望胡老师能像马老师一样，上课时多讲一些小故事。"余璟若说："希望胡老师不要用扩音器了，听说扩音器有辐射，时间长了会伤身体。"孩子们热情高涨、积极踊跃，也有部分孩子胆小一些，明明想说却不敢举手。正当孩子们兴高采烈、畅所欲言的时候，下课铃声无情地给这节课画上了句号，看到孩子们意犹未尽，我宣布道："这个周五下午第一节课依然可以继续说。"伴随着一片欢呼声，我离开了教室。

周五下午的第一节课到了，上课时我走进教室，对孩子们说："请每组的组长上来领A4纸，给每人发半张。"根据上节课的经验，如果每个人都站起来说，时间恐怕不够，而且有的孩子胆子小，不敢主动举手说，所以这次我准备让孩子们把心里话写在纸上。接着，我又对孩子们说："请把自己的名字写在纸上。"孩子们一脸茫然，不知道我葫芦里卖的是什么药。看到大家都写完了，我将提前设计好的三个问题投影在幕布上，对孩子们大声说："请把你的答案写在刚才发的纸上。"这三个问题分别是：1．你喜欢什么样的数学课？2．胡老师的数学课你喜欢吗？3．你觉得胡老师怎么做你会喜欢他的数学课？看到这三个问题后，孩子们都"哦……"然后开心地笑了。我又补充说道："每个人都要写自己的真实想法。"孩子们迫不及待地写了起来。

待孩子们写完后，我拿着收集来的81个孩子的心声，像拿着无价之宝，紧张而兴奋。下课后我迫不及待地阅读起来。贺新杰写道："1．喜欢幽默又风趣的数学课；2．我喜欢胡老师的数学课；3．胡老师要再幽默一点就好了。胡老师我发现了你的一个秘密，说话时鼻孔会变大。"这句话下面画了一个大笑脸，旁边写着"不关我的事"。李官写道："1．我喜欢有许多有趣故事的数学课；2．还行，故事太少了；3．胡老师多讲一些故事。"邹娇阳写道："1．我喜欢幽默、边学边玩的数学课；2．我喜欢胡老师的数学课；3．我觉得胡老师可以在每节下课前十分钟给我们讲一个数学故事或哲学故事。"吴浩楠写道："1．喜欢有趣幽默的数学课；2．喜欢胡老师的数学课；3．希望胡老师把我管严一点。"陈子霄写道："我喜欢胡老师的数学课，喜欢到一种境界了……"马靖宇写道："1．我喜欢互动活动多的数学课；2．喜欢胡老师的数学课；3．上课时可以叫一些学生上台表演。”李欣逸写道：“1．我喜欢幽默有趣、轻松愉快的数学课；2．我喜欢胡老师的数学课；3．我觉得您是最好的数学老师。”胡瑜可写道：“1．我喜欢有趣快乐的数学课；2．我非常喜欢胡老师的数学课；3．老师再多给我们讲一些名人的学习故事，激励我们好好学习。”纸条背面左上角处写了非常小的几个字：胡老师最帅。史子墨写道：“1．我喜欢自由幽默的数学课；2．喜欢；3．希望胡老师能分享一些最近看到的新闻或有趣的数学题。”王睿萱写道“1．我喜欢幽默的数学课；2．胡老师的课我很喜欢；3．要是胡老师更幽默一点就更好了。”纸条背面用铅笔写着：胡老师深不可测！大部分的纸条上写的都是喜欢幽默愉快的数学课，喜欢我上的数学课，建议我要更幽默一些，多讲一些故事等。

看着孩子们的心里话，我了解到他们喜欢的是活泼、幽默、互动性强、充满趣味的课堂，不喜欢严肃、沉闷、枯燥的学习氛围，别看他们年龄小，提的建议却很有道理。从他们的建议中，我也读到了他们的纯真和善良，在以后的教学中我会努力提升自我，成为孩子们更喜欢的数学老师。

弄清事实

今天是“五一”收假后的第二天，上周学校开运动会，从周二开始直到周五结束，加上周末和“五一”假期，孩子们有六天没有在教室上课。整个运动会期间我只在上周一下午布置了一个单元测试。今天是我们班的无家庭作业日，班里规定如果在最近的四次家庭作业中，哪位同学有一次没有完成作业或者忘记带作业，无家庭作业日就要“享受”我单独布置家庭作业的待遇。我上课时发现，有一些孩子为了赶作业，居然在课堂上悄悄地写，甚至没有学过的内容他们也超前写了，为了杜绝这种应付差事的行为。我又要求如果被发现有超前写作业情况的同学，也要在无家庭作业日时单独完成作业。

今天早上第二节课下课，我来到办公室，看到桌上有一份名单，这是组长龚子玥统计的今天要完成作业的学生名单，共有14位同学。我把这份名单用手机拍下来，为了避免统计错误，下午自习课时我在班上一一核对，因为有两名同学在我印象中从来没有不完成作业的情况。核对后确定没有问题，我便把名单像往常一样发在了家长微信群里，并说明这些是今天下午要完成家庭作业的孩子，作业是把本单元所有的概念复习熟记。

下午在班级微信群里，我收到一条王同学的妈妈发来的消息："胡老师，我家孩子昨天的作业的确做了，是在我和他爸的监督下完成的，而且他爸已经检查过了。孩子很委屈，特此说明！"

我回复道："这位妈妈，您问一下他具体原因，今天我在课堂上确定过，他当时没有提出异议。"

王同学的妈妈回复道："他自己也有不少问题，以后我们一定严格要求他！"

我回复道："这个不是故意惩罚，如果确实弄错了，可以改。"

王同学的妈妈反馈道："作为老师，严格要求是必须的；作为家长，我们感激不尽。我没有其他意思，只是说明情况，请老师见谅。"

我回复："是这样的，组长反馈他提前写了一些作业。"

王同学的妈妈再次回复："好的，谢谢！我们会严格要求他的！"

看到家长反映孩子很委屈，我很难过。在孩子的眼里，老师可能就是裁判，就是法官，如果老师不能做到公平或者没弄清事实就妄下评断，孩子就会受委屈。我在微信群里真诚地给家长解释，并承诺如果弄错了可以改正，可能王同学的妈妈误会了我的意思。作为老师，面对孩子和家长要以诚相待，给孩子做好示范，如果老师真有哪里做错了，就应该以事实为准，及时道歉。对于成人来讲一件微不足道的小事，在孩子的世界里可能就是一件天大的事，如果没有处理好，也许会给孩子的心灵留下很大阴影。

第二天上课时，我走到王同学面前，问他知不知道为什么组长统计的名单里有他，他说不知道，并告诉我前天的作业他确实做了。我问组长，组长说在统计情况的时候，她发现这位同学提前做了作业。于是我对王同学说："我们统计的是近四次的作业完成情况，并且不允许超前写作业，你清楚了吗？"王同学这才恍然大悟，回答说："清楚了。"我告诉他："请你回家后向你妈妈解释清楚。"他说："好。"

弄清楚事实，我心里的石头才算落了地。

让孩子向我敞开心扉

给孩子们代课已经第六周了，虽然大家渐渐熟悉起来，但孩子们和我的交流仍然较少，也可能是我的工作较忙，没有充足的时间和他们交流。为了能让孩子们多和我交流，我借鉴了上周王家强老师在讲座中提到的，把作业本当作老师和学生的对话本的策略。在班上，我告诉孩子们可以把在学习上的困惑，以及对老师的建议等都写在作业本上，也可以通过手机短信或者QQ给老师留言。我想通过这些方式打开孩子们的话匣子，让他们大胆地向我表达心里的想法。下面是孩子和我交流的内容：

ζ ღɹɹɹ 昔年 2017/3/21 周二 下午 5:19:45

胡老师好！我是张舒然。今天早上考试时，我被冉同学打了小报告，能看出您不是很相信她的话。我想告诉您，我在意别人对我的看法，更在意胡老师对我的看法，因为我非常喜欢数学课，数学课在我看来就是有魔法的。如果老师相信我，那么我很开心！如果老师觉得我是那样的人，那肯定是有原因的，我一定会努力改正！说出了心里话我感到既畅快又踏实。希望老师能在我有错时耐心地教导我，不要笑话我写的这些东西。

祝您

快快乐乐！万事如意！

么么哒！

海边的石头 2017/3/21 周二 下午 5:45:47

当时，我听到冉同学向我报告你在和别人对答案时，其实不太相信你会那么做。在老师眼中你学习积极、听讲认真、做事细心，是我眼中的优秀学生，所以你不用担心，我绝对相信你，也相信我的眼光！同时，胡老师也希望你不要责怪冉同学，可能她听错了，同学之间要互相帮助，希望你能豁达大度，这样你的朋友会越来越多，你的心情也会阳光灿烂，好好努力，胡老师为你加油！

ζ ღﾉﾉﾉ 昔年 2017/3/21 周二 下午 6:21:43

我会的，那些事都过去了！我不会生冉同学的气的！

谢谢胡老师！！！

海边的石头 2017/3/21 周二 下午 6:24:13

快乐学习！好好加油！

周三早上的第二节是数学课，我就昨天考试的情况进行讲评，下课后，我还记着昨天张舒然给我发信息的事。于是，我把张舒然叫到办公室，对她说："昨天你给我发的信息，我看到了，也给你回信息了，当时我不相信你和别人对答案，在我眼中你好学上进，遵守课堂纪律，你能给我说说当时到底是怎么回事吗？"张舒然说："我当时发现自己有道题做错了，就对我同桌说我有道题做错了，把你的橡皮借我用一下，结果冉同学只听到前半句，以为我和同桌对答案。"我说："我相信你的话，同时胡老师希望你也不要怪冉同学，她的本意是为了维护纪律。"张舒然说："我已经不怪她了。"我说："这样最好。"接着我又把今天的考试卷中张舒然失分的地方和她一起分析了一遍，并告诉她在学习上要养成回头看的习惯，然后张舒然开心地离开了办公室。

我又叫来了冉同学，她一进办公室就对我说："谢谢胡老师对我耐心的教导，我这次考试比上次进步了17分。"我说："上次你考了多少分？"她回答说："上次考了76分，这次考了93分。"我说："这的确是非常大的进步，这和你的努力是分不开的，只要你愿意不断提升自我，就会不断进步，胡老师希望你一直坚持下去。"她信心满满地说："好！"然后我又说："你是一个很有责任心的孩子，不仅对自己负责，也很关心同学。昨天你在考试时向我报告张舒然和同桌对答案，这说明你很有责任心和正义感，我刚才已经和张舒然沟通了，这是一个误会，她当时是问同桌借橡皮。你勇于维护考场纪律和为班级负责的态度值得表扬，只不过以后再遇上这样的情况要注意方式方法，比如可以先举手，等我走到你面前时再小声告诉我，不要立刻站起来，当着全班同学的面大声说，这样会伤害别人的自尊心。特别是昨天那件事你只听到一部分对话，就断定别人在对答案，误会了别人，伤害了别人的自尊心。”冉同学听完后，认同地点点头，说：“我知道我昨天的做法不太合适，以后我会注意的。”我看她明白了我的用意，就对她说：“老师相信你，好好加油！”冉同学向我敬了个标准的队礼，说：“谢谢胡老师！”然后转身小跑着回了教室。

作为老师我们要细致耐心，抓住每一个教育孩子的细节，以春风化雨的方式，帮助孩子解决矛盾，关注他们的心灵成长。

我的开学第一课

这学期我带四年级（10）班的数学课，这是新接手的班级。早上第二节是数学课，我提前到了教室，在教室里转了一圈后，我来到教室的后门悄悄地等在了那里，只有部分孩子发现了我。上课铃响后，我故意又等了1分钟左右，刚才看到我进教室的孩子都已经坐好了，有一部分没有发现我的就盯着教室前门。这时我慢腾腾地从教室后门向讲台上走，在讲台站定后，我扫视了教室一周，孩子们都瞪大了眼睛，用好奇的眼神看着我，教室里非常安静。正当孩子们期待着我开始说话时，我又走下了讲台，从教室的前面走向后面，从第一组走到第四组，稍作停留后又从第四组走回第一组，我在教室里转了两圈，没有说一句话。教室里更安静了，所有的孩子都坐得端端正正，一种神秘的气氛笼罩着整个教室。

我依然不出声，继续在教室里转，边走边观察孩子们的表现。这时第四组有两个坐前后桌的小男孩忍不住开始打着玩了，我假装没看见。当我转到第五、第六圈时，又发现了有三四个小孩，要么拿着橡皮在手里玩；要么用笔在本子上画；也有的同桌两人用眼睛斜瞄着我，瞅准时机你推一下我的肩膀，我扯一下你的袖子，打来打去。有的孩子小声议论："为什么老师不说话啊？"通过几分钟的观察，我对这个班的课堂纪律情况有了基本的了解。

接下来，我大步走上讲台，问孩子们："你们有什么问题要问老师吗？"

"有、有、有……"孩子们的小手纷纷举了起来，第一组的一个小男孩不仅举起了手，还半弓着身子站起来，生怕我没发现他。

我说："请这位手举得最高的男孩先问。"

他迅速站起来大声说："老师你为什么不说话啊？"

"就是、就是……"其他的孩子附和道。

"还有什么问题？"我接着问。

第三组后排有位男孩站起来说："老师你为什么在教室里走来走去啊？"

孩子们问完后，我说："为什么我在教室走来走去这么久，又不说话呢？我是在观察同学们的表现。我看到有的同学纪律表现非常好，自始至终都坐得很端正，有的同学课本摆放得非常整齐，有的同学耐心和自制力不足，管不住自己，和别人说闲话。"我一边说一边把目光移向刚才说话和打闹的几个孩子，他们顿时坐端正了，神情略显紧张。

我继续说："我刚才这样做，是想考验考验大家，看看你们的耐心和自制力怎么样。祝贺同学们，你们通过了老师的考验，你们的表现非常好！"教室里响起了热烈的掌声。

我说："老师有一件法宝，能够帮你'躲避'老师的批评，你们想不想学啊？"

"想学——"孩子们大声说。

我说："其实上课被老师批评，主要是因为注意力不集中，但是要想坚持一节课都不走神又很难，所以我想教给大家一个小窍门，那就是'会看'。"我在黑板上写下"会看"两个字。

我说："看什么呢？怎么做才叫会看呢？老师讲课时你就看老师的脸，现在就请大家看着我的脸。"所有孩子都一齐看向了我。

我说："老师走到哪里，你的眼睛就跟着看向哪里。"

我一边说一边从讲台的左边慢慢走向讲台右边，孩子们的小脑袋也从左边转向右边，然后我又从教室前面慢慢走向教室后面，孩子们的脑袋也转向教室后面，我又从教室后面快速走向教室前面……就这样，孩子们的眼睛始终看着我，小脑袋跟着我转来转去，教室里荡漾着欢快的笑声。几个来回之后，我也走出了汗，看到孩子们开心的样子，我自己好像也回到了童年。

我说："怎么样？这个方法好不好？"

“好！”孩子们异口同声地说。

我说：“这样不仅不会走神，还能锻炼颈椎。”孩子们开心地笑了。

我说：“第二件法宝就是会听。”我在黑板上写下“会听”两个字。

我说：“怎样才叫会听？听谁的呀？”

“听老师的！”孩子们回答道。

我说：“那我现在就试一试，看看你们听不听我的。”

我提高了嗓门说：“现在起立。”孩子们忽地都站了起来，这时我留意到第四组有个小男孩虽然站起来了，但他弯着腰趴在桌上，一看就知道平常的习惯不是很好。

我对大家说：“全班同学都表现得很好，动作迅速，整齐划一。”我一边说一边把目光投向了这个男孩，男孩马上就意识到了，赶快站直了。我对着他赞许地点了点头。

然后我接着发号施令：“坐下。”孩子们迅速坐下了，“起立，坐下”，我接着喊了四五次。孩子们随着我的口令一会儿坐下，一会儿起立，教室里的气氛更活跃了。

我说：“其实我们上课不仅要听老师讲的内容，还要注意听同学们的发言。”

接着我又给孩子们讲，上课还要做到会想、会做、会说，会想就是要善于思考，勤动脑；会做不仅指会做题，还要会做事，比如有的同学课堂作业写得很工整，有的同学学习用品摆放得很整齐，有的同学书包很干净，等等；会说就是要积极发言，把自己的想法大胆地说出来。

我开口道：“我们的法宝是什么呀？”

孩子们齐声说：“会看、会听、会想、会做、会说。”

我说：“对，只要做到这‘五会’，就能‘躲掉’老师的批评。”孩子们听完都开心地笑了。

我看了看表，还有10分钟就下课了。我说：“现在我想做一个秘密测试，看看我们班的同学诚实不诚实。”孩子们都好奇地看着我，不知道我葫芦里卖的是什么药。

我说：“我要问大家一个问题，你们只需要用举手或者不举手的方式表达你的想法，回答的时候你们需要闭着眼睛趴在桌上，不能和同桌商量，也不能偷看。”

孩子们都乖乖地趴在了桌上。我问：“你喜欢自己吗？”孩子们陆陆续续地举起了手，我数了一下，有18位同学没有举手，于是在黑板上写下18。

我说：“请抬头看，你们猜猜18是喜欢自己的人的数量还是不喜欢自己的人的数量？”“喜欢！”“不喜欢！”孩子们七嘴八舌地说了起来。

有个男孩站起来说：“老师你告诉我们呗！”看到孩子们急切地想知道结果，我故意卖关子说：“保密！”“唉！”孩子们齐声叹息。

我说：“有的同学喜欢自己，有的同学不喜欢自己。为什么喜欢自己？为什么不喜欢自己？请把你的答案写出来。”我拿出课前准备好的小纸片，对孩子们说：“在这张纸上先写下姓名、性别和年龄，再把你的答案写在上面。”每个孩子都在自己的纸片上认真地写了起来。收齐了小纸片，下课铃也响了。

回到办公室我迫不及待地看起了小纸片，下面是部分孩子写的：

鄢佳凝，女，9岁，我喜欢自己，因为我愿意帮助别人，比如坐公交车的时候我经常给别人让座。

梁易荣果，女，9岁，我喜欢自己，因为我会弹钢琴。

张芸嘉，女，9岁，我很喜欢我自己，因为我喜欢运动，会打乒乓球，身体很健康。

周泊含，女，9岁，我喜欢自己，因为我手工做得好。

李博轩，男，10岁，我喜欢自己，因为我上课听讲认真，长得强壮。

陈鑫，男，9岁，我喜欢自己，因为我数学考试分数高。

管思茹，女，9岁，我喜欢自己，因为我很文静。

吴奕恒，男，10岁，我不喜欢自己，因为我作业写得慢。

刘子歌，女，9岁，我不喜欢自己，因为我有时顶撞爸爸妈妈。

吴智霖，男，9岁，我不喜欢自己，因为我作文写得不好。

……

我常常在想，我小时候希望遇到什么样的老师，现如今我就要努力成为那样的老师。

这就是我的开学第一课。

（发表于《安康教育》2017年第5期）

我和孩子们约法三章

给这个班上课已经两周了，本周课堂纪律情况有所好转。继上周提出五条课堂纪律后，这两周的重点是要孩子们做到“管住手”“管住口”，因为孩子们上课玩笔、抛橡皮、说闲话的现象还是时有发生。比如有的孩子上课总坐不住，不是和前面的同学说笑，就是和后面同学打闹；有的孩子上课总低着头，拿着一块橡皮能玩半天；有的孩子上课总走神，叫起来回答问题经常一问三不知；有的孩子做课堂练习时心不在焉，一直等到你走到他面前，才赶紧拿起笔画几下，有时甚至连题目位置在哪儿都不知道……我看在眼里，急在心里，这些孩子的表现时刻揪着我的心。

看来只在班上集体讲要求是行不通的，特别是对于新接手的班级，老师和学生都有彼此了解和熟悉的过程。自律性好的孩子，老师强调后就能自觉做到。习惯较差的孩子，积习难改，需要单独指出问题。有位教育家说：“教育本身就带有一定的强制性。”因此，我得和孩子们约法三章。周五，我利用一节数学课对本周孩子们的表现进行点评，并提出几条班级纪律。一是奖励措施，单元测验获前三名的学生奖一枚学习章（我们学校少队部开展争章活动，其中有学习章），一周受表扬五次以上的学生奖励一枚学习章，表扬次数由每组的小组长负责记录。二是惩罚措施，一周被点名批评三次以上的学生需请家长到学校来，当面通报该生本周在学校的表现。当然如果被批评后，学生行为有改变，三次点名表扬可以抵消一次批评，由小组长负责做好记录，每周五进行点评。三是对班干部的要求，所有班干部要认真负责，努力做好老师安排的工作，并要带头遵守纪律，做同学们的榜样，如果班干部被通知请家长一次，立即取消班干部职务。

我想，制定严明合理的奖惩制度是管理班级的必要手段，能够激励孩子们进步，而孩子们的进步，特别是较为调皮的学生的转变，是我最大的工作动力。

加油吧！孩子们！

我和学生谈心

为了充分了解每一个学生，拉近学生和我之间的距离，更好地教学，我最近开展了和学生谈心的活动。每天至少保证和两名学生谈心，下课后请他们到办公室同我聊一聊学习上的困惑，或者成长中的烦恼。在和8名同学聊过以后，我发现孩子们在谈心时很拘束，不敢说心里话，好像根本不是来谈心的，而是来挨批评的。我想，这样的谈心没有任何意义，既然不敢说，那就用笔写，让他们把心里话写出来，我再根据他们写的内容与之交流。

于是，周一下午自习课，我先做了一个小调查。上课时，我对孩子们说："这节课我想问大家几个问题，你们要诚实回答，请大家趴在桌子上，用手势告诉我答案，每个人都不能看别人的结果，如果谁偷看，就视为作弊，能做到吗？"孩子们齐声说："能。"我说："请大家准备。"话音刚落，孩子们齐刷刷地趴在桌上，此刻教室里非常安静。我提出第一个问题："你愿意做一个懂事而上进的人吗？愿意的请举手。"孩子们陆续举起了小手，我数了一下，除了请假的杨一函，其余80名同学都举手了，我在黑板上写上80。我又提出第二个问题："你对自己满意吗？"这个问题一提出，起初郑人可和王岩犹豫了一下，把手举了起来，但很快又放下了，其余的没有一个人举手，我在黑板上写了一个大大的0。我说："请同学们看黑板，这就是刚才我们调查的结果。"孩子们发出了惊叹。我接着说："从刚才大家的回答结果看，每一个人都愿意做懂事而又上进的人，但对自己还不满意，我给大家发一张纸，请在上面写上对自己不满意的原因。"我让组长把课前准备的纸发下去，孩子们认真地写了起来。

待孩子们写完后，我将纸条一一收起来，这是每个孩子对自身存在问题的真实评价，是我了解孩子们的第一手资料，也可以作为我和孩子们谈心时的主要话题。下面是部分孩子所写的内容：

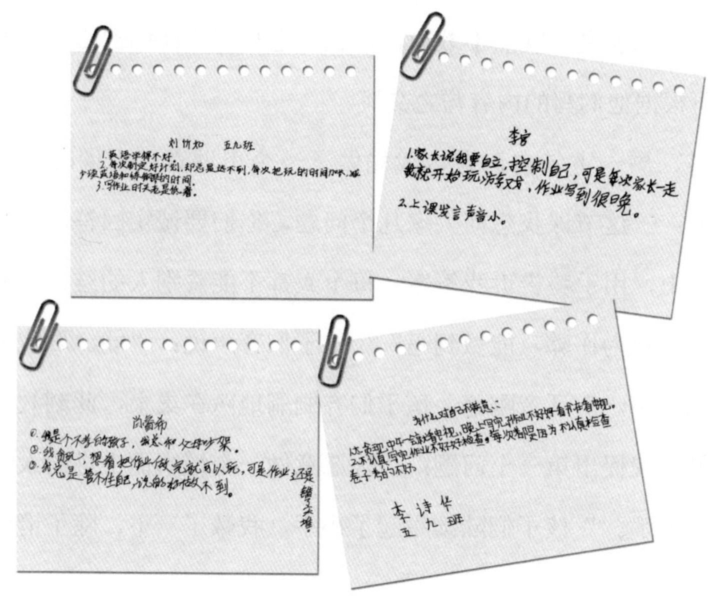

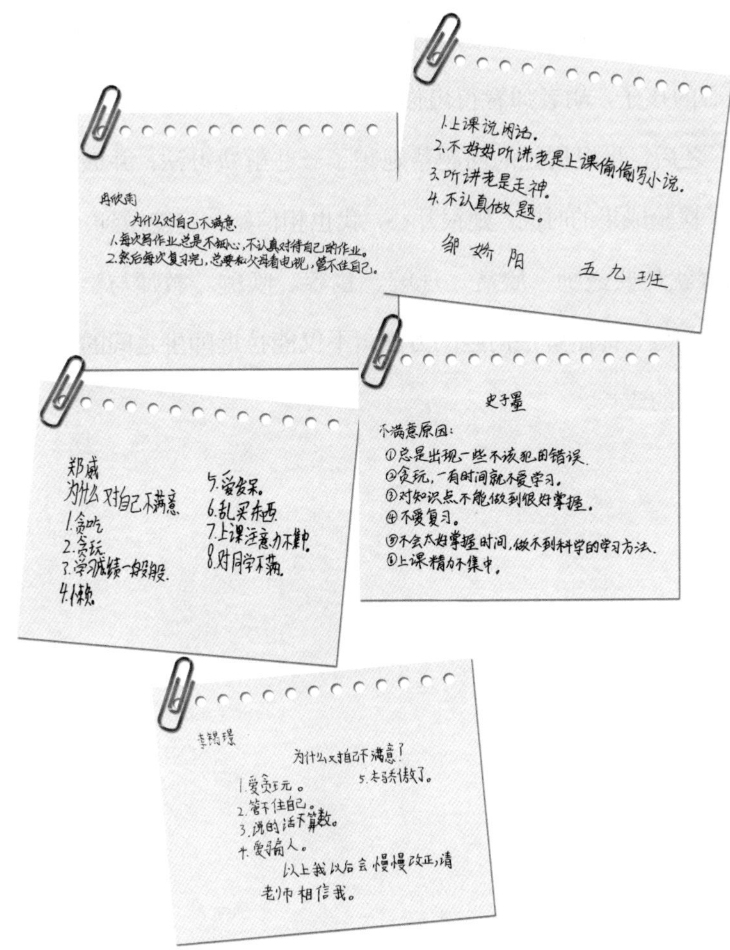

这样一来，我和孩子们谈话便能有的放矢，会更有效果。周三数学课后，我叫来肖睿希，找出她写的内容，对她说：“我看到你写的对自己

不满意有三个原因，一是觉得自己是个不孝顺的孩子，总和父母吵架；二是贪玩；三是总管不住自己。你能写出自己的心里话，说明你是一个有上进心的孩子，胡老师看得出你很想改变自己，是吗？”她点头说：“是。”之后，我根据她的问题帮她想了一些解决办法，并鼓励她，和她约定了检验成果的时间。她很开心，我也相信她一定能做到。

教育就是要鼓励、欣赏、理解、包容、唤醒。教师与学生谈心，一起分析问题，提出解决问题的方案，不仅能拉近师生之间的距离，也有利于学生的成长。

新班级，新挑战

时隔五年，我回到了既熟悉又陌生的校园，回学校后我除了担任主管教学工作的副校长，还兼任五年级（9）班的数学老师，与朱云霞老师搭班。朱老师是语文老师兼班主任，她四十出头，留着披肩长发，身材匀称，看上去比实际年龄小，举手投足间独具优雅和风韵，眼神中透露着淡定和睿智。

一开学，朱老师就热情细致地给我介绍班级情况，这个班有81名学生，班上的班长是谁，班干部有哪几个，哪个学生学习成绩好，哪个学生诚实又牢靠，谁的纪律表现差，谁的学习上升空间大……提起班级情况，朱老师如数家珍，虽然她上学期才接手这个班，但着实在带班方面下了一番功夫。由于上学期换了两任数学老师，这个班的数学成绩已经排在五年级9个班的倒数第一名。许多孩子不做家庭作业，上课不听讲，纪律涣散，急需解决的问题很多。因为孩子们还有一年就要小学毕业了，说起这些问题时朱老师显得十分焦虑和担忧，得知由我来接任这个班的数学老师，朱老师说她看到了希望。

带着这些难题，我踏上了这个班的数学课教学之旅。我先从朱老师那里找来了花名册，又从教导处复印了上学期的成绩单，对着名单一个一个仔细看，一行一行挨个儿瞅。小雷，一个响亮的名字，可比起他的名字，5分的数学成绩给我留下的印象更深；小明18分，排倒数第二；彤彤38.5分……这些分数深深地刺痛了我的心，让我既着急又担忧。

第一周我一边上课一边观察，特别留意这几个学生。上了几天课后，我发现上课时这个班整体学习氛围不浓，积极性不高。有的孩子上课爱说闲话，才和同桌说完又和前后左右的邻桌同学说；有的孩子爱做小动作，刚用脚踢完前面同学的凳子，又用手扯一下旁边同学的袖子；有的孩子不是拿着钢笔在桌面上敲，就是拿一块橡皮往空中抛；老师转身写板书，下面就吵成一锅粥；有的孩子说话的声音比老师讲课的声音还大，刚制止这一边，另一边又起……整天三令五申要求他们遵守纪律，他们依然我行我素啥也不怕。

急归急，气归气，静下心来仔细想，叩着脑门慢推敲。其实这就是接手一个新班级所面临的新挑战，孩子们趁着你不熟悉他们，叫不上他们的名字，钻空子、开小差。今天你管住了这个学生，明天你不知道哪一个学生又会给你惹出什么乱子，越是这样就越充满悬念，越充满挑战。就像有位教育家说的那样，研究、解决不期而遇的悬念，并享受解开悬念后的喜悦，然后又期待着下一个悬念，如此周而复始，这便是教育过程的魅力所在。

周五的时候，我专门抽出一节课的时间和孩子们沟通，对大家这一周的表现进行点评。首先，表扬和肯定表现好的同学，班长贺新杰纪律表现好，上课时最先准备好学习用品，完成作业速度快；龚子玥同学发言积极，身为组长认真负责，检查作业非常细心；周祥霖、郑人可、白子超、周玉衡、王岩等同学聪明好学、肯动脑、善思考，每次提问我都能看到他们举手。其次，鼓励表现较差的同学，有一部分同学上课爱说闲话，听讲不认真，甚至老师提问时他连讲到哪里了都不知道。

接着，动之以情，晓之以理，在征得孩子们同意的基础上，我提出了五点课堂要求：管住手、管住口、会倾听、会观察、勤动脑。管住手，上课时不乱动学具，不动与学习无关的用品，做练习要有速度，记笔记要积极；管住口，不说闲话，积极发言；会倾听，认真听老师讲课，听同学发言，这既能促使自己养成好习惯，也是对别人的尊重；会观察，老师讲课时看老师的脸，老师板书时看黑板，防止走神；勤动脑，老师提问时积极回答问题，不明白的问题及时问老师。同时，我规定了实现这几个要求的时间，用两周时间做到管住手和管住口，然后再用两周时间做到会倾听和会观察，最后做到勤动脑。每次上课时，我会把本周要实现的两点要求写在黑板的右上角，时刻提醒孩子们。由于这个班级换老师较频繁，好多学生没有养成良好的学习习惯，于是我用和学生协商的方式，要求他们上课做到这五点。

教育归根结底就是要培养习惯，行为养成习惯，习惯形成品质，品质决定命运。作为一名小学老师，我要尽自己最大的努力，促使孩子们养成好的习惯。

学生的留言

周三的数学课上，学生写完作业，我说："胡老师给你们上课已经有一个学期了，我希望同学们能给我提一些建议，或者说一说你心中喜欢的老师是什么样子的。请大家把建议写在作业本上，好吗？"孩子们大声说："好。"有的孩子很高兴，有的面露难色并小声抱怨。我接着说："大家想说什么就写什么，现在不想说的可以不用写，等什么时候想和胡老师说时再写。"话一说完，有的孩子赶紧拿起了笔，在作业本上写了起来，有的长长出了一口气，心里的包袱总算放下了。下面是孩子们的留言：

李欣：胡老师，我希望您可以在班上开展一个活动，规则是这样的，每周上课发言超过8次的人可以去您那里抽奖，奖品可以是免写作业、获表扬信之类的。

刘子歌：胡老师，怎样才能大胆地举手回答问题？我总害怕自己答错，所以不敢举手。

杨奕舟：我觉得胡老师可以给每次考试的前十名发奖品。

任欣宇：我喜欢的老师是这样的，讲课有趣、方式新颖、待人温柔。

严一豪：胡老师，能在上课中休息一两分钟吗？

程子桐：上了一学期课，我觉得老师讲课通俗易懂，还能及时帮我改正缺点，我喜欢胡老师。

江涵文：其实上学期走进教室，我就觉得您很亲切。您是副校长，能当您的学生我很自豪。您亲切、勇敢、幽默，我能取得今天的成绩，离不开您的教导，谢谢胡老师。

尹奥琪：胡老师，您上课认真负责，给同学讲道理真诚亲切，改作业认真仔细，我喜欢胡老师。

张芸嘉：胡老师，我觉得您的优点很多，尤其是您经常给我们讲故事，讲完故事您还会告诉我们故事中的道理，让我们掌握了学习的方法，懂得了做人的道理。

寇洁：希望胡老师上课时多一些微笑，让我们上课时开心一点。

杨越媛：请老师换一下数学组长，有些组长不负责任。

王泽：老师，我知道我上课不认真，很对不起您，请您不要叫我妈妈到学校，她出国了，我会努力的。

周泊含：我喜欢有幽默感的老师，太严肃的老师经常使我感到有压力。

韩硕航：胡老师，您看到乱写的作业时，应私下批评，要不然会伤了同学的自尊心。

郑晨曦：我希望胡老师上数学课的时候，给我们讲一些数学故事。

读了孩子们的留言，我有些惭愧。上学期接手这个班的时候，我说要给孩子们多讲故事，下定决心要把每节课上得轻松、活泼、幽默，让孩子们都喜欢。刚开始，孩子们都对我充满期待，转眼一学期过去了，我好像把此前的许诺抛到了九霄云外。故事没有讲几个，一进教室就板着脸，课堂气氛严肃、沉闷，常常一讲到底，满堂灌；对孩子们表扬少批评多，老是盯着那几个调皮的孩子，心情不好就是一声吼。这样的课堂孩子们会喜欢吗？

苏霍姆林斯基说："没有对儿童的了解，就没有学校，就没有教育。"要成为孩子们喜欢的老师，就要多听孩子们的建议，多和孩子们沟通交流，多了解孩子们的心声。

学生来当小老师

这周的早自习和第一节课进行第五单元考试。这一单元的学习内容是三角形，包括三角形的特征、三角形的分类、三角形的内角和共三部分内容。学生做试卷的速度很快，第一节课只用了10分钟，大家就做完试卷了，我让组长将试卷收了上来，还剩下30分钟时间，可以把试卷中的应用题部分给学生讲一讲。

我打开展台，将试卷放在上面，正准备开讲，看到孩子们一脸疲惫，教室里弥漫着一种沉闷的气氛。于是我灵机一动，不如让学生来讲一讲。我问："谁愿意当一回老师，到前面来给大家讲一讲试卷上的题？"孩子们你看看我，我看看你，过了一会儿，李欣第一个举起了手。我说："请李欣同学给大家讲题，掌声欢迎。"李欣走上讲台，指着屏幕对着同学们大声地讲了起来，思路清晰、表达清楚，俨然一副小老师的模样。她讲完一道题后，我说："李欣同学讲得怎么样？请大家用行动告诉我。"教室里响起了热烈的掌声。接着我问：

“谁愿意继续来讲？”教室里举起了三四只小手。“刘子歌请你来讲。”我说。我清楚地记得刘子歌在作业本上给我的留言，她写道：“怎样才能大胆地举手回答问题呢？我总害怕自己答错了。”所以当我看到她举手时，便点名让她来讲。她走上讲台，边讲边用手势比画，虽然声音有点小，但也比较从容大方。等她讲完后，我说：“刘子歌同学平时学习特别认真，就是不敢大胆发言，但今天她的表现特别棒。”刚说完，孩子们热烈地鼓起了掌。我又说：“谁愿意来讲？”“我来！我来！”孩子们争先恐后地举起了手，积极性彻底被调动起来了。这次走上讲台的是寇玉铎，他用有点沙哑的声音一字一顿地给大家讲，讲完后还强调了做题时可能出错的地方，条理性强，能举一反三。看到孩子们兴致较高，我说：“不用举手了，谁想讲，直接上讲台。”话音一落，就有几个孩子争着往讲台上跑，这次抢到前面的是程子桐，他讲完后，杨卓异抢到了最后一个讲课名额。一堂课就这样愉快地结束了，孩子们还意犹未尽。

一次偶然的尝试，让我有了很大的收获。那就是充分相信学生，想尽一切办法让孩子参与到学习活动中，让孩子扮演老师的角色，能让教学事半功倍。

全国著名特级教师李镇西认为好课堂有两个非常朴素的标准，那就是“有趣”加“有效”。他认为有趣就是能够吸引学生，让学生在课堂上兴趣盎然，心情愉悦，觉得时间过得很快，下课后盼着再听这位老师的课。有效就是教师完成了教学任务，而学生们有成果——无论是知识层面的、能力层面的、情感层面的还是思想层面的，总之有收获。有趣是手段，有效是目的，如果只是有趣而没有效果，课堂就成了看小品，搞笑而已。但是如果课堂无趣，只追求所谓的有效，一味地灌输知识，学生不爱听，也很难达到真正的有效。

课堂的有趣与有效缺一不可，以前我总是不敢相信学生，过于追求课堂效率，对学生的学习兴趣调动不足，渐渐地我的课堂就开始变得沉闷。激发学生学习兴趣的方式，也只是停留在口头表扬，没有让学生真正参与到有趣的活动中，感受学习的乐趣。今后我要坚持这样的做法，让学生真正体验到学习数学的乐趣。

答应的事情一定要做到

本周我们学校迎来了第54届田径运动会，共三天时间，从周三到周五。运动会是学生热切盼望的盛会，这次天公作美，虽然开幕式下了小雨，但很快便转为多云天气，既没有影响运动会的进程，又避开了烈日的暴晒。

周三早上，我在主席台边专注地观看对面跑道上正在进行的四年级100米决赛，忽然耳边传来一个稚嫩的声音："胡校长，您好！"我扭头一看，一个小姑娘坐在主席台边，两手撑在地上，一双水灵的大眼睛正笑眯眯地看着我。我赶紧回答说："你好！你叫什么名字啊？"她说："我叫李真萱，您这周五是不是还要到我们班上来？"我有些纳闷，说："到你们班上去？你是哪个班的呀？"她说："我是三年级（4）班的，您不是说每个周五都要到我们班来吗？"我猛然想起三年级（4）班的老师临时调整了，这学期中途从安康学院英语系聘请了一位老师，叫刘燕。刘燕老师认真负责，性格腼腆，加上这个班有几个男孩特别调皮，所以班上纪律较差。我得知这个情况以后，抽空去给他们上了一次班会课，并告诉他们以后每周班会课我都会去，所以这个小姑娘就记住了。想到这里，我对她说："这周五上午运动会结束，下午要放半天假，下周五我会到你们班上来。"她说："好，谢谢胡校长。"我说："你就叫我胡老师吧！"她说："好，胡老师再见！"我说："再见！"她蹦蹦跳跳地跑走了。

如果不是今天这个小姑娘突然问起，我还真把这件事给忘记了，心里一阵愧疚，有时候成年人的一句话，在孩子心中就是一个期盼，他会当真。我们教育孩子要诚信，因此自己一定不能失信，答应的事情一定要做到。

第四章

感受童真 走进心灵

搭建通往孩子心灵的桥

苏霍姆林斯基在《帕夫雷什中学》一书中写道："通往儿童心灵的道路要靠友谊，靠共同的兴趣、爱好、感情、感受来铺设。"作为一名老师，不管教的是什么学科，首要职责是育人。唐代韩愈在《师说》中写道："古之学者必有师。师者，所以传道授业解惑也。"传道、授业、解惑三者缺一不可，传道需要精神的感染，塑造学生健全的人格。不了解学生，不走进学生的内心世界，这一切就无从发生。友谊就是叩开孩子的心门，搭建通往孩子心灵的桥梁。

在实际的教育教学中，我们往往容易忽视和孩子真诚交流、平等对话。面对孩子的错误，批评指责、大声训斥是家常便饭，有时甚至以请家长为要挟。胆小的孩子感到无助和恐惧，胆大的孩子会产生反抗情绪，变得叛逆。改正错误实则就是一种屈服，学习成绩好、纪律表现好的孩子更容易得到老师的青睐；学习成绩差、调皮的孩子犯了错误，常常会受到较为严厉的批评。实际上，越是爱犯错的孩子，越需要老师的正确引导和帮助，就像花园里遭遇干旱的玫瑰，需要和风细雨的滋养，而不是狂风暴雨的洗礼。

然而师生之间的“冲突”时有发生，周三数学课上就发生了这样一件事。我考查孩子们对概念的掌握情况，对王同学说：“请你说一下除法的意义。”他结结巴巴，半天说不出来，我一怒之下说：“课间罚抄五遍，你坐下。”说完还狠狠地瞪了他一眼。

他坐下后，我发现他一直在写什么，由于时间关系，我没有再追究。下课后，刘世强同学跑过来，递给我一张纸条，说这是王同学让他转交给我的。我打开一看，上面写着：“胡老师对不起，我不想当数学小组长了。”看完纸条后，我让刘世强把王同学叫过来，和我当面聊聊。

我问王同学：“你为什么不想当数学小组长了？”

他一边哭一边说：“我觉得我不配当组长。”

我说：“你是觉得刚才没有回答对问题，被胡老师批评了才不想当组长了吗？”

他说：“我其实会背除法的意义，只是当时太紧张了，所以没背出来，我觉得我不配当组长。”

我说：“你当组长很负责、很认真，这次胡老师批评了你，是希望你能在学习上更努力一些，你不要灰心，胡老师相信你已经记住了这些概念。”

在我的鼓励安慰下，他的情绪有所好转。

王同学平时学习比较认真，纪律表现也很好，这次被我批评，受到了打击。仔细一想，很多时候老师的批评，甚至一句话都会在学生心中产生巨大的影响，我为自己简单粗暴的教育方式感到后悔。

要想让教育真正发生作用，老师必须走进孩子的心灵，与孩子喜忧与共，只有师生之间建立了真挚的友谊，才会收到实实在在的效果。

读懂孩子

这周，我又收到了一些孩子的留言。单子博给我留言："胡老师，您说每天找两名同学谈话，为什么这学期都快结束了，还没有轮到我？"面对孩子的"质问"，我心里满是惭愧，我原计划每天至少与两名学生谈话，有时因为事情忙确实没有时间，但扪心自问，真的是因为太忙吗？也不尽然，还是惰性导致计划未能落实。

余先俊留言说："胡老师，我要听故事。"李锡璟写道："胡老师，我要讲故事。"这也是我开学初答应孩子们的，要每天给孩子们讲一个故事，或者由孩子自己讲一个故事，但实际上好久没有这样做了，我又食言了，面对孩子们提的意见我真是有点无地自容。

我这学期刚接手这个班时，让孩子们给我提建议，以增进了解，当时孩子们提到希望我更幽默一点，多讲故事。我当时承诺每天至少讲一个故事，但没有坚持下来。每天找两个孩子谈心也是我为了更了解孩子而提出的，但是这学期快结束了，还有三分之一左右的孩子没有和我谈过话，怪不得大家会有意见。

每一个孩子都是一个故事，让孩子给我提建议，和孩子谈心，都是为了读懂孩子，读懂这个故事。我前段时间读到特级教师李镇西的一篇文章《和孩子一起编织故事》，文中他引用了美国2009年全国年度优秀教师托尼·马伦的获奖感言，其中的几句话让我记忆深刻。

最优秀的教师有一个共同的品质：他们知道如何读懂故事。他们知道走进教室大门的每一个孩子都有一个独一无二、引人入胜，却没有完成的故事。真正优秀的教师能够读懂孩子的故事，而且能够抓住不平常的机会帮助作者创作故事。真正优秀的教师知道如何把信心与成功写入故事中，知道如何修正错误，帮助作者实现一个完美的结局。

我虽然谈不上优秀，但希望自己能读懂故事，可思想上的懒惰和畏难情绪多数时候占据上风，让我没能持之以恒。

周五学校党总支组织第一、第二支部的党员教师到瀛湖镇天柱山村，参观学习村支书张明俊的先进事迹。张明俊一心为民、敢于担当、对党忠诚和无私奉献的大爱情怀深深感动着我。他的中国梦是让村民在花果山中幸福地生活。他常说："穷不读书，穷根难断；富不办学，富不长远。"他用自己的实践兑现承诺，身边的每一个人都被他的事迹感动。今天我们支部的活动主题是"重温入党誓词，不忘教育初心”。当年上师范时的校训“学高为师，身正为范”萦绕心头，我不禁问自己我的教育初心是什么？把每个孩子放在心上，让每个孩子都健康快乐地成长，做一名有爱心的好老师就是我的教育初心。如今我已成长为一名校长，我的中国梦是什么呢？让孩子们的笑脸成为校园里最灿烂的阳光，这就是我的中国梦。

读懂孩子，真正成为孩子的良师益友是每位好老师的必经之路，为了我的教育初心，为了我的中国梦，我会从小事做起，并且坚持不懈。

孩子的笑脸
是校园里最灿烂的阳光

“孩子的笑脸是校园最灿烂的阳光。”这句话是我的座右铭。这是我刚参加工作时在一本刊物中偶然看到的，当时我一下就喜欢上了这句话，把它写在笔记本上，记在心里。可能工作时间久了，慢慢地这句话在我心中失去了原有的魅力，渐渐被淡忘了。

不过最近，这句话又在我心里燃烧了起来。在一节数学课上，我正激情澎湃地讲解例题，当我的目光转向第四组的时候，眼前的情境让我非常生气。坐在第一排的田同学和同桌王同学正在玩橡皮大战，只见田同学将两块橡皮垒在桌面上，然后用笔把下面的那块橡皮使劲一捅，下面那块橡皮飞出去的同时，上面那块稳稳地落在桌面上，然后他对着王同学得意地笑了。接下来，王同学拿过橡皮，也照着他的样子，居然也成功了，王同学露出了灿烂的笑容。他俩完全沉浸在游戏里，却不知这一切都没有逃过我的法眼。为了不影响其他同学听课，我一边讲一边用眼神示意，但他们压根就没往前面看，注意力全集中在眼前的橡皮上。

我实在忍无可忍，准备走上前去教训一通。这个王同学，每次课堂作业错得最多，单元测试更是惨不忍睹，很少能上50分，家庭作业经常不做，居然在课堂上若无其事地和同桌玩橡皮。

正当我迈开脚步，准备发泄我心中的怒火时，我看到王同学又“成功”了一次，她的脸上再次露出了笑容，笑得是那么开心。忽然，我想起班主任龚嫦娥老师曾经告诉我王同学的妈妈精神失常，爸爸有病，她还有个弟弟，家里的主事人是她年迈的奶奶。

想到这些，我的脚步迈不动了，心中的怒火也平息了。为什么不能让她开心地笑一次呢？于是我假装没看见，继续接着讲题，过了一会儿，我故意将田同学喊起来回答问题，提醒他要专心听讲。

下课后，我走到王同学旁边，轻声对她说：“你出来一下，我有事想问你。”她小心翼翼地跟在我身后，脚步特别轻。我们来到走廊上一个僻静的角落。

我对她说：“听龚老师说，一直是你奶奶在照顾你。”她点了点头，然后头一直低着，双手捏着衣角。

我说：“你的数学家庭作业是不是有很多题都不会做？”

她又点了点头，依然不说话，也没有抬头。

我说：“从今天起，你做数学家庭作业时先把你会做的题做完，不会的题先空着。请把你奶奶的电话告诉我，我和她沟通一下。”

她抬起头小声说：“我奶奶的电话是……”一连说了两三遍，我才听清楚。

我存好电话号码后对她说：“以后好好听课，有不懂的问题可以随时问我，回教室去吧！”

她转身朝教室走去，脚步依然很轻。

我拨通了她奶奶的电话，告诉她奶奶以后王同学的数学家庭作业只需要把会做的题做了就可以，不会做的等我讲了以后再做。之后，我又询问了她的家庭情况，得知她的爷爷最近也住院了，家里人忙得焦头烂额，根本没空管她。我让她奶奶放心，承诺会在学校关心王同学，然后匆匆挂了电话。

童年应该是天真烂漫、五彩缤纷的，可王同学的童年因为家庭的原因有很多阴天。孩子的笑脸是校园里最灿烂的阳光，课堂上王同学开心的笑容现在还在我脑海里浮现。作为老师，应该对这样的孩子给予更多的关怀，希望她脸上的笑容能越来越多。

评选最受欢迎的人

放寒假的前一天，我组织孩子们进行投票，评选班上最受欢迎的人。我给每位学生发了一张白纸，让他们写出心目中最受欢迎的人，并总结一下自己的优点和缺点，同时想一想胡老师的优点和缺点，将答案一并写在纸上。

在投票之前，我和孩子们讨论什么样的人是最受欢迎的人？他（她）都有哪些特点？我把大家总结的内容一一写在黑板上：

学习好、遵守纪律、不打人、不骂人、有礼貌、多才多艺、不给同学起绰号……

又顺手补充了几条：不大声喧哗、不指责别人、不说别人坏话。

写完后，我说："我们在投票时是只投给平时和自己关系好的同学呢？还是要投给具有这些特点的同学？"

孩子们说："不能只投给和自己关系好的同学，要投给具有这些特点的同学才公平。"

我说："对，只有公平，投票才有意义。"

就这样，孩子们开始在白纸上认真地写了起来。孩子们写完后，我收回了所有选票，说："下学期开学第一节课公布评选结果。"

愉快的假期结束后迎来了新学期，开学第一节数学课，我拿着所有选票走进教室。

和孩子们打完招呼，我说："去年放寒假前，我们评选了班上最受欢迎的同学，并让同学们写出自己和胡老师的优缺点。在假期我认真地统计了结果，阅读了你们写的内容，现在我来公布结果。"教室里顿时特别安静，弥漫着紧张的气氛，孩子们都满怀期待地看着我。

我在讲台上公布了统计的结果，孩子们看到后激动地喊起来：

"胡嘉嘉4票、夏雨菡1票、刘佳睿8票、王宇馨8票、刘世强4票、闫洋羽佳10票、王梓桐2票、张淋滨11票、洪墨涵3票、熊英凯1票、韩张翔2票、刘祎程1票、汪心怡1票、吴沁峰1票、邹振楠1票、王嘉禾1票、陈曦晨1票、胡刚3票……"还有孩子给我投了3票。

我问："票数最多的是谁？"孩子们大声说："张淋滨。"

我又问："谁排第二？""闫洋羽佳。"孩子们齐声说。

我说："这两位同学只相差1票，即使是得票最少的同学也获得了1票，只要有同学给他投票，就说明他身上有受欢迎的特点，所以我给大家每人发1枚文明章，希望你们保持文明礼貌的习惯，努力做一个受欢迎的人。"

我让孩子们分批走上讲台，给他们发文明章，教室里响起了热烈的掌声。

发完文明章后，我说：“我认真阅读了你们写的内容，并做了分类，现在读给你们听一听。胡老师的优点有平易近人、爱学生、教学方式好、课讲得好、有耐心等，缺点有哪些呢？4人提到我普通话发音不准，6人提到我不讲信用，17人提到我上课时手机铃声老响，1人提到我字写得不够好，其他人无意见。”读完后，孩子们都笑了。

我说：“优点我会继续保持，缺点我一定努力改正，希望同学们监督我。”教室里响起了热烈的掌声。

我说：“每个人都有优点也有缺点，老师也不例外，我希望大家能记住自己的优点和缺点，既要保持优点，也要不断改正缺点。我愿意和你们一起努力，做一个受欢迎的人，这是我们这学期的目标，请大家跟我一起大声说出这句话。”

同学们兴奋地喊道：“做一个受欢迎的人——”稚嫩的声音在教室里不断回荡。

和孩子一起许下新年愿望

时光飞逝，转瞬间我们就走到了2019年。“我们都在努力奔跑，我们都是追梦人”，习近平总书记新年贺词中的金句传遍神州大地。他亲切的话语、殷切的期待、郑重的嘱托，激励着每一个人发扬梦想精神，继续在奔跑中拥抱梦想、成就梦想。

今天是开学的第一天，新的一年、新的开始、新的希望，我想，我应该和孩子们一起许下新年愿望。

第三节课，我走进教室和学生互相问好后说：“今天是什么日子？”

孩子们说：“2019年1月2日。”

我说：“对，昨天我们享受了元旦假期的欢乐，今天是2019年开学的第一天，新的一年你有什么新的愿望呢？我们一起许愿吧！”孩子们高兴地点头，七嘴八舌地讨论着。

我说："在许愿之前，胡老师有三个建议，第一个建议是做一个受欢迎的人；第二个建议是养成好习惯，管住自己的手和口；第三个建议是为这次期末考试定一个小目标。"接下来，我对每个建议做了解释。

做一个受欢迎的人是指在学校，我们要力争成为受同学和老师欢迎的人；在家，我们要成为受亲戚、朋友欢迎的人；在社会，我们要努力成为遵守法律、讲究秩序的人。

养成好习惯，管住自己的手和口，就是在课堂上多发言，不说闲话干扰别人，不玩玩具，积极动手完成练习等；在公共场所不损坏公物，不攀折花草树木，不打人，不大声喧哗，不说伤人的话，俗话说"良言一句三冬暖，恶语伤人六月寒"。

为这次期末考试定一个小目标是指为自己定一个可以实现的成绩目标，比如每次单元检测都在90分以上的同学可以将成绩目标定为95～100分，平时成绩在80～90分之间的同学可以将成绩目标定在90分以上，平时成绩在80分以下的同学可以将成绩目标定在80分以上。这样，在最近的复习阶段，大家都可以朝着目标努力，认真听讲、认真完成家庭作业。

说完这些建议，我让孩子们许下自己的新年愿望，鼓励大家朝着新目标努力，然后才开始今天的数学教学。

其实，孩子们非常需要这样的激励和引导。前段时间，我发现在课堂或者课间，只要我点名批评谁或指出哪名同学的缺点时，这名同学周围的孩子马上你一言我一语地说他的不是，那种幸灾乐祸的场面以及被批评的孩子脸上表现出的愤怒，让我久久不能平静。

有一次，又发生了这样的事件，我对孩子们说：“你们觉得在老师指出别人缺点的时候，大家跟风指责，这样好吗？如果被批评的人是你，你会怎么想？”

有的孩子说：“我会生气。”

有的孩子说：“我会很难过。”

有的孩子说：“我讨厌这样的行为。”

我说：“这样的行为一点也不受欢迎，胡老师也很讨厌这样的行为，己所不欲，勿施于人，希望我们每个人都把这句话记在心里。”

孩子们的模仿能力很强，当他们的行为出现偏差时要及时引导、批评指正，从小塑造正确的是非观。

培养会做事的人

周三午自习下课后，我像往常一样走回办公室，放下课本拿起茶杯准备喝水，刚好碰到几个数学组长来送作业本，走在第二个的是朱笑萱。她把作业本往桌上一放，急忙对我说："胡老师，我代替王浩云来送作业本，他急着去上厕所。"朱笑萱长相俊俏，两颗可爱的小虎牙让人印象深刻。我笑着对她说："你很乐于助人啊！值得表扬。"她高兴地笑了一下，接着对我说："王浩云说还有一个同学的作业没收上来。"我说："是谁啊？"她说："我不知道是谁，不过我可以查。"说完，她一阵风似的跑出了办公室。

一眨眼的工夫，她又回来了，手中多了一个本子，本子上有整个小组同学的名字。我问她："这是什么名单？"她说："这是我们组美术组长统计美术作业用的，我借来把名单和交上来的数学作业对一下，就能找出没有交作业的同学。"说完，她迅速核对起来，那股认真劲，俨然一副检察官的模样。不一会儿，她高兴地对我大声说：

“胡老师我找到了，现在我就去找他，然后把作业给您拿来。”没等我开口，她又像一阵风似的跑出去了。

一个四年级的孩子能这么有计划地去查一本没交上来的数学作业，这给我留下了深刻的印象。我要好好表扬朱笑萱，正这样想着，她又回来了。她拿着作业本，开心地对我说：“胡老师，我把作业本拿来了，他之前抄错题了，所以没及时交上来，现在已经做完了。”我说：“朱笑萱，你有没有担任其他科目的组长？”她说：“没有。”我说：“胡老师要好好表扬你，你愿意帮助别人，而且你在查作业本的时候很认真，很有计划，速度很快，胡老师觉得你很聪明，很会做事。”“谢谢胡老师！”说完，她开心地一蹦一跳向教室跑去。

看着她离开的背影，我想，我们培养孩子不仅要注重知识的传授和学习能力的培养，更要教会他们如何独立做事，应对生活中的种种挑战。

胡老师，我想死你了

“亲爱的观众朋友，我想死你们了！”国家相声表演艺术家、国家一级演员冯巩家喻户晓的这句开场白既逗乐了全国亿万观众，也成为大家的口头禅。当我从一个四年级的孩子口中听到“胡老师，我想死你了”的时候，内心无比温暖。

周四的早上，由于要参加一个会议，我和语文老师李淼临时换了一节课，把早上的数学课换到了下午。下午，我提前到了教室（老师至少提前一分钟进教室候课是我们学校的一项制度），当我走上讲台时，第四组第一排的任欣语笑眯眯地对我说：“胡老师，我想死你了。”任欣语是我接手这个班后记住的第一个学生，她上课发言积极，听讲认真，头发乌黑浓密，眉毛细长，大大的眼睛，身材高挑。我连忙对任欣语说：“谢谢你，胡老师也非常想你！”“您的课是不是被语文老师给抢了？”坐在第三组第二排的寇洁大声说，一副为我鸣不平的样子。我赶忙解释道：“不是的，是我要开一个会，所以临时和李老师换了课。”这才解开了她心中的疑团。

开学以来，我给这个班才带了三周课，孩子的一句“胡老师，我想死你了”深深触动了我的心，既有激动和幸福，又深感人民教师肩负的责任之重。习近平总书记教导我们要做有理想信念、有道德情操、有扎实知识、有仁爱之心的好老师，要做学生锤炼品格的引路人，做学生学习知识的引路人，做学生创新思维的引路人，做学生奉献祖国的引路人。从“四有好老师”到“四个引路人”，习近平总书记对教师群体的角色定位和使命担当不断提出新要求，为教师队伍的建设及我国教育改革发展指明目标和方向。作为一名小学教师，我应该以“四有好老师”和“四个引路人”为最高追求，在平时的工作中认真备好每一节课，上好每一节课，认真批改每一次作业，耐心引导孩子，把责任心带进课堂；不断学习，丰富学识，用幽默的语言、科学的教学方法吸引孩子的注意力，激发孩子的学习兴趣；多和孩子谈心，了解孩子的兴趣爱好和烦恼，做孩子的知心朋友，培养孩子健康的品行，用实际行动感染和激励每一个孩子。

我们面对的是儿童，他们纯真、善良、活泼、可爱，对未来世界充满了无限遐想和好奇。面对这些可爱的孩子，我要时刻保持童心，学会用儿童的视角去观察、去倾听、去探寻、去热爱，努力使自己的思想感情和孩子保持一致，用童心唤醒爱心，用爱心滋润童心。

胡老师来啦，你打声招呼吧！

周三早上第二节课课间，我从操场往办公室走，走到南教学楼的二楼时，一个洪亮的声音喊道："胡老师好！"这小炸雷般的声音，着实吓了我一跳，正在上楼梯的我差点一脚踩空。我抬头一看，是寇玉铎。他正从三楼往下走，笑眯眯地看着我。我赶快回答道："你好！"正要错身而过的时候，我听到他说："胡老师来了，你也打声招呼嘛！"这时我才注意到他旁边是我们班的学生高屹南，当我们四目相对的时候，高屹南小脸微红，低声说："胡老师好！"如果不是看着他的嘴形，我压根不知道他说了什么。我也赶忙说："你好！"并用手轻轻地摸了一下他的头。

在校园里，经常有孩子和我打招呼，上学期带的五年级（9）班的学生杨泽新，每次见到我，他都要跑过来，拦腰抱住我问好，非常热情。

在校门口值周，或是走在校园里、街道上时，只要有孩子和我打招呼，我都会回复你好，或者点头微笑，招一招手。

有的孩子性格活泼外向，见了老师会很大方自然地问好；有的孩子性格内向，见了老师就心生畏惧，问好对他来说会有压力。因此，越是内向的学生和我打招呼的时候，我越要给出积极的反馈。这些孩子可能鼓足了勇气，才喊出“老师好”这三个字，所以我非常珍惜，生怕没有回应这一声“难得”的问候。

校园里，这样的事件时有发生，学生满脸笑容，老师却一脸冰霜，热情的问候换来的是充耳不闻，渐渐地师生之间形同陌路。

当年我在安康师范读书时，学校的校训是“学高为师，身正为范”，老师的言行就是学生学习的榜样。我们常说“言传身教”，“言传”容易，做好“身教”却很难。新时代习近平总书记勉励广大教育工作者要做好学生锤炼品格的引路人；党的十八大后把立德树人作为教育的根本任务写进了党的教育方针。作为一名新时代教师，要以身作则培养德智体美劳全面发展的学生。

良好的品行体现在一个人的言行举止中，教师要把孩子当平等的人来对待，用自己的言行去感染、引导孩子。而这些应该从建立良好的师生关系开始，良好的师生关系体现在教师平时和孩子们真诚的问候、交流中。我们不仅要在课堂上俯下身子、耐心倾听，在日常生活中对学生的问候也应该报以微笑、积极回应。

胡老师，我想和你谈谈

周三早上第一节下课后，我拿着课本刚走出教室，后面就传来一个声音："胡老师我想和你谈谈。"我一愣，想和我谈谈，口气不小嘛，回头一看，是杨同学。

"想和我谈什么呢？你说吧。"我说。

"胡老师，我承认我刚才上课时走神了，并且和同桌说话，没有专心听讲，可周围的同学说我在写家庭作业，我并没有写。"他说。

我想起了刚才上课的一幕，我的目光转向杨同学的座位时，看到他和同桌讨论着什么，由于我正在讲例题，不想中断，就没有提醒他，心想过一会儿他可能会专注起来，因为他平常发言很积极，听课也很认真，属于班上表现比较活跃的孩子。过了一会儿，我再看向他时，他低着头好像在看书，我有些生气地说："杨同学请站起来，你在干什么？这节课你听讲非常不认真。"他慢腾腾地站起来，脸顿时红得像个熟透了的番茄。周围几个孩子起哄说："他在写家庭作业。"杨同学一听就急了，吼道："我没有！"周围的同学不甘示弱地说："你就是在写，还不承认。"双方激烈地争吵了起来。我说："好了，不要吵了，先认真听课，这件事下课再说，杨同学你坐下。"杨同学坐下后，课堂恢复了正常的秩序。

我看到杨同学一脸委屈，于是我把手搭在他的肩膀上，一起并排向办公室走，对他说："刚才上课我看到你和同桌在讨论什么，我用眼神提醒了你几次，但你没有反应，现在你可以给我说说具体情况。"

他说："练习册中有道题，要求算出竖式中字母所表示的数，我同桌有点不太明白，我们下课时在对比这道题的解题过程，还没说完就上课了，所以我们就在课堂上继续讨论了一会儿。"

我说："原来是这样，以后在课堂上要认真听讲。"

他说："刚才我和同桌说话，没有听课，确实不对，我就想给您解释我没有写家庭作业，请您原谅我。"

我说："胡老师相信你的话，你的表现一直很好，课堂发言很积极，作业完成质量也高，在胡老师眼中你非常优秀，希望你以后上课时一定要专注，养成好习惯。"

听完后，两颗豆大的泪珠从杨同学眼中夺眶而出，他居然哭了起来。他一边哭一边说："谢谢您，胡老师，我以后一定会改正的，不再说话了。"杨同学哭得肩膀一耸一耸的，有点停不下来的意思。

看到他这个样子，我故意开玩笑说："上课认真听讲是对的，以后不再说话了可不行，胡老师不能把学生都教成哑巴。"他一听，扑哧一下笑出了声，看到他破涕为笑，我说："没事了，胡老师相信你，回教室安心上课吧。"

"谢谢老师。"他说完这句话转过身，一边擦眼泪，一边往教室跑去。

其实下课后我都忘了这事，但杨同学却把这件事看得很重。别的孩子说他在写家庭作业，冤枉了他，当得到我的认可后，他好像终于沉冤昭雪了，眼泪就再也控制不住了。

作为老师，特别是小学老师，需要有一双善于倾听的耳朵。我们都知道，教育孩子就要尊重孩子，而尊重就要从倾听开始。

我希望有更多的孩子来找我谈谈！

适合的才是最好的

周三早上数学课，在孩子们做练习时，我像往常一样在教室中转，看看有没有孩子遇到疑难问题，快走到夏同学座位附近时，她迅速将双手往抽屉里一塞，然后看了我一眼，马上拿起笔，慌里慌张地开始在本子上写起来。凭我多年的经验，她明显是开小差了，不是在摆弄玩具，就是在看课外书。我不动声色地走到她身边，发现她的抽屉里放着一本还没来得及合起来的课外书。可见，我的猜测没错。

我毫不客气地从抽屉拿出了这本书，并大声说："上数学课看课外书，你觉得对吗？"全班同学瞬间都看向夏同学，她窘迫地低着头，脸像红透了的苹果，小声说："不对。"

我调整呼吸，缓和了激动的情绪后说："爱看书应该表扬，但是不能在课堂上看，这样会影响听课，希望你下次注意。"说完，我拿着这本书朝讲台走去。

后半节课我一直留意夏同学，她低着头，盯着自己的课本，情绪低落，没有举手发言，也没有动笔写字。我想，她可能是被我刚才的批评吓到了，也可能是还在惦记被我拿走的课外书。

她平时给我留下的印象很不错，上课发言积极，表达能力强，学习成绩也比较好，是一个懂事的孩子，还是我们班的音乐委员，但她很少笑，看起来心事重重。

下课时，我走到她面前对她说：“胡老师想跟你聊聊。”我们一起走到楼道的休息凳旁坐下。

我说：“刚才这节课你肯定什么也没听进去吧？”

“是的。”她仍然低着头，表情严肃地回答。

我说：“喜欢看书是好事情，我也鼓励我女儿多看书，还给她买了很多书，但是在课堂上看书，影响听课是不对的。你觉得呢？”

她说：“胡老师我错了，我会改正。”

我说：“我相信你！现在把书还给你，希望你保持爱看书的习惯，但是要在课余时间看。”

她双手接过了那本书，说：“谢谢胡老师。”

我继续说：“胡老师发现你很少笑，为什么你整天都满面愁容呢？小孩子应该活泼开朗，阳光一些呀！”

听到我这样说，她开始抽噎。

我说：“如果你愿意，可以给我讲一讲。”

她哭得更厉害了，眼泪不停地流，非常伤心的样子。

我说："这样，你如果想说就告诉胡老师，不想说也可以，或者你想什么时候对我说都行。"

她擦了一下眼泪，对我说："爸爸妈妈给我报了很多辅导班，我没有时间做我想做的事情，感觉很累。"

我说："你都报了哪些辅导班呢？"

她说："周六早上学语文，下午学英语，周天早上学数学，下午学英语，周一至周三下午练乒乓球，中午放学我要做辅导班的作业，有时爸爸还要让我做数学辅导资料上的题。"

我说："既然你觉得累，为什么不告诉爸爸妈妈呢？"

"爸爸妈妈说，别人都有特长，而我却没有特长，所以就给我报了这些班，我连看书的时间都没有了。"她回答道。

我说："你回去可以把你的想法和爸爸妈妈说一说，爱看书是好习惯，胡老师非常支持，但是以后不要在课堂上看。胡老师也会尝试和你爸爸妈妈沟通，今天我们就聊到这里吧！"

她擦干眼泪，说："谢谢胡老师！"然后转身向教室走去。

我回到办公室联系了夏同学的家长。

是夏同学的妈妈接的电话，我把今天和夏同学谈话的内容简要地告诉了她，并建议她和孩子多交流交流，给孩子减轻一些负担。

她说乒乓球班是孩子自己要报的，周末辅导班是担心孩子基础薄弱，所以给孩子补一下。之后她会听我的建议，和夏同学沟通一下，减少报班数量。放下电话，我轻舒了一口气，觉得好像是给孩子做了一点什么。

过了两天，我利用课间把夏同学叫过来询问情况。夏同学说妈妈告诉她，小区里的孩子报的辅导班比她还多。显然，夏同学对她妈妈举别人的例子的行为很抵触。

这件事让我想起了王彬武在《教师报》上发表的一篇文章——《教育的难题是无法挣脱文化的积习桎梏》。文章写到，大家都在批评中国教育陷入功利主义的泥沼，而这功利主义也不是突然从天上掉下来的，根源可能还是传统文化中的等级观念。几千年的社会文化建立在以血缘宗族为基础的伦理关系之上，长幼尊卑次序深入人心，这种生活的伦理关系有着严格的等级秩序，个人的物质生活和精神生活都取决于在这个秩序中所处的位置。也正是在这种秩序中，每个人的价值都要建立在与他人的参照对比中，要体面，要受人尊重，要有尊严，就要比别人过得好。在群体之中满足个体的内在追求，所有的价值观都建立在与他人比较之中，有人称之为“互倚型自我观”。几千年来，中国人一直处于这样的生命状态中，传统的文化基因顽固地左右着人们的观念，这种观念甚至不会因为社会的进步与发展而有所变化。

夏同学的这种情况只是一个缩影，还有千千万万个夏同学。因为建立在与他人比较基础上的“互倚型自我观”在国人心中根深蒂固。

我的课堂

有人说现今的中国教育需要做减法，我们也在喊着给孩子减负，有专家提出适合孩子的教育才是最好的。我们在教育孩子时有没有真正了解孩子，从孩子的角度出发考虑问题呢？

适合孩子的教育才是好的教育，适合离我们还有多远？

我和学生打乒乓球

周三早晨，我在操场的跑道上走路锻炼。

“校长好！您会打乒乓球吗？”稚嫩的声音从我身后传来。

我回头一看，一个戴着眼镜、壮壮的小男孩拿着乒乓球拍，一脸期待地看着我。

我说：“我会打，只是至少有3年没有打了。”

他说：“能不能和您对战几局？”

我说：“没问题。”

他说：“校长您真爽快，今天时间不够了，明天我们打。”

他说完就跑开了，我被他对我的评价给逗笑了。

第二天早晨，应小男孩之约，我准时来到操场，他已经提前到了。看见我来了，他小跑着到我面前，说：“校长赶快走，一会儿没地方了。”他一边说一边拽着我的袖口就往球台跑。

到了空球台边，他快速递给我一只球拍，说：“开始吧！”

我们的乒乓球大战开始了。

不一会儿，就围过来了一群小孩。“哇，校长也会打乒乓球？”“校长在和学生打乒乓球。”孩子们一边看一边议论着。

还有几个学生在用手势记录我们的比分。“1比3，校长赢了。”“2比3，校长又赢了。”我连赢了两局。另一个孩子说：“我来试试。”但很快就被我拿下。

在孩子们的欢呼叫好声中，我连着打败了几个挑战者，激战正酣，有人喊了一声：“快上自习了！”孩子们迅速背起书包往教室跑去。

小男孩走过来说：“校长，您的水平真高。”

我说：“你几年级了？叫什么名字？”

他说：“我上四年级，叫蒲子涵。”

我又问他：“你打了多久乒乓球？”

他说：“有四五年了。”

我说：“好样的，继续坚持练球。”

他说：“好，以后我能经常找您打乒乓球吗？”

我说：“没问题。”

“谢谢校长！我去上课了。”说完，他就向教室飞奔而去。

看到他欢快的背影，我感到非常开心。孩子的童真童趣深深打动了我。

很多老师和家长经常以成年人的思维去设计教育，愿我们能转变观念、知行合一，放下身段多听听孩子的声音，多走进孩子的世界！

与朱同学的家长交流

一天下午，我接到了陌生号码的来电，“胡老师您好！我是朱同学的奶奶。”对方说。我说：“您好！有什么事吗？”她说：“朱同学在做作业，有一道题我觉得她做错了，我让她改，她就是不改，我想问问您。”我说：“好，您说说是什么题？”她说：“有一道估算题，求418除以8约等于几，朱笑萱用418除以10结果约等于42，我觉得应该用400除以8约等于50，我让她改正，她就是不改。”我说：“朱同学的方法在估算时有时会用到，但这道题把418看作400来估算，结果约等于50比较合理。因为更接近准确结果。”她说：“胡老师，请您给她说一下，我说她不听，实在没办法。”我说：“好。”我听到电话那头传来朱同学奶奶的声音：“你把门打开，胡老师要和你说话。”然后是敲门声。过了一会儿，电话里又传来朱同学奶奶的声音，“胡老师的电话，你不接明天看你怎么好意思见胡老师。”依然没有动静，然后朱同学的奶奶对我说：“胡老师不好意思，她不开门，这个孩子太犟了。”我说：“没关系，明天在学校我找她聊聊，好好沟通一下，给孩子做做思想工作。”她说：“好，谢谢胡老师。”

第二天，我还记着这件事，上早操时我走到朱同学旁边，对她说：“下操后，你到我办公室来一下，我把昨天考试的试卷给你讲一下。”她点点头说：“好。”很快，朱同学来到了办公室，我拿出她的考试卷分析错题，她做错了一道作图题，另外，有一道应用题的答案她只写了一个数字。我说：“这次你考了93分，主要是作图题没有认真审题，题目要求过点A给平行四边形作高，你画的高没有经过A点。要养成认真审题的习惯，按照你的真实水平应该是能考100分的。”接着我和她聊起学习习惯的问题，这是我叫她来的主要原因。

我说：“昨天你奶奶给我打电话，她问我的那道题你还记得吗？”她说：“记得。”我说：“那你给我讲一讲。”她说：“418除以8，我估算的结果是42，我把418看作420，把8看成10，所以结果是42。”我说：“你奶奶给你讲的方法，你记得吗？”她说：“奶奶说把418看作400，除数8不变，结果是50。”我说：“你觉得你的结果和奶奶的估算结果哪一个更合理呢？”她低声说：“奶奶的估算结果更合理。”我说：“所以估算时要考虑怎样估算更接近准确结果，对不对？”她说：“对。”我又说：“我们要学会采纳别人好的建议，不能固执己见，同时我们要有礼貌，特别是要尊敬自己的长辈，你觉得你对待奶奶的态度对吗？”“不对。”她说着，眼泪夺眶而出。我说：“我们今天的谈话到此结束，希望你能记住胡老师的话。”她说：“好，谢谢胡老师。”

值　周

这周轮到我值周，因为节假日调休，这周要上六天班，所以要多值一天。九月份的雨特别多，这周只有周四和周五是多云天气，其余每天都是中雨，给人出行带来不便，也平添了几分惆怅。

我每天提前半小时和执勤的老师站在校门口迎接全校师生的到来，放学时站在校门口看着孩子们整齐有序地离开学校，虽然疲惫，但也有许多欢乐。

我上学期带的五年级的学生，这学期已经上六年级了，现在的学生营养条件非常好，好几个孩子身高已经和我差不多了。龚子玥的身高在1.65米左右，加上身体偏瘦，看起来更高了。他每次在校门口看到我时，总要走过来给我敬一个队礼，然后礼貌地说："胡老师好！"我也热情地回礼说："你好！"丁潇潇、吴雨凡经常结伴而行，看到我，他们都会笑着对我说："胡老师好！"杨泽新个头不高，总是笑嘻嘻的，好几次走到我面前拦腰抱住我，然后说："胡老师好！”我总是习惯性地拍拍他的头，说：“你好！这学期一定要专心学习，思想要更集中一些。”周玉衡、周祥霖已经和我一般高了，每次和我打招呼时，就像老朋友见面。周三的早上，周祥霖走过来告诉我说：“胡老师，能不能请您帮我个忙？”我说：“可以。”他说：“我星期天过生日，周六我想给我们班的老师一人送一份糖果，到时候请您给监督岗的同学说不要拦我，可以吗？”我笑着说：“你星期天过生日啊！那你小名应该叫国庆，星期天是国庆节。行，我告诉监督岗的同学，让他们不要拦你。”“谢谢胡老师！”说完，他高兴地离开了。

四年级的孩子和我打招呼，就完全不一样了，因为这学期带四年级（10）班的课不到一个月，个别孩子我还叫不上名字。“胡老师，您好！”孩子的话音里带着稚气和童真。有一个女孩每次走到我跟前，总要仰着头对着我眨几下眼睛，做出一副非常可爱的表情，然后对我说：“胡老师，您好！”我也总是笑着对她说：“你好！”

每天至少有100多个孩子在校门口和我打招呼，在回应他们的时候我总会微微一笑。看到孩子们迈着轻快的步子往校园走时，我的心里也无比轻松快乐，雨天的惆怅就这样被赶到九霄云外去了。

第五章

问道课堂 探寻本真

“辨认方向”教学设计

（录像课获省级一等奖）

教学内容

北师大版实验教材数学二年级下册“辨认方向”

学习目标

1．结合街区地图，根据给定的方向，辨认其余七个方向，并能用表示方向的词语描述物体所在的位置。

2．在活动中发展学生的空间观念，引导他们体验课本知识与生活的联系。

重点难点

认识东北、东南、西北、西南四个方向，确定物体所在的位置。

教具学具

教具准备：多媒体课件

学具准备：边长为10厘米的正方形纸板（方向板）

教学过程

一、创设情境，导入新课

1．同学们，你们愿意和可爱的小动物交朋友吗？

2．那我们这节课就和可爱的小熊一起到动物村去看一看。

3．展示课件。

小熊带路情景，动物村平面图：

动物村里都有哪些可爱的小动物呢？

（学生看图，并依次说出动物名称）

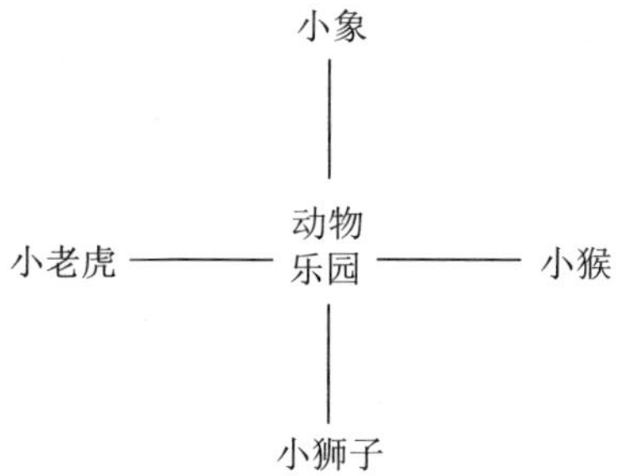

二、探究新知

1．在情境中辨认方向

（1）大家看看顽皮的小熊跑到哪儿去了呢？（课件显示小熊在动物乐园）

（2）对！顽皮的小熊先来到了动物乐园，可是它的好朋友都还没来。它听说同学们已经会辨认“东、南、西、北”四个方向了，于是它想出一道智力题考一考大家，你们敢接受它的挑战吗？

（3）真棒！这是动物村的平面图，请你根据图“认一认”。（课件展示4道填空题）

①小象在动物乐园的（ ）面；

②小狮子在动物乐园的（ ）面；

③小老虎在动物乐园的（ ）面；

④小猴在动物乐园的（ ）面。

2. 设计问题探索新知

（1）动物乐园的周围还住着哪些小动物呢？

（学生看图依次介绍）

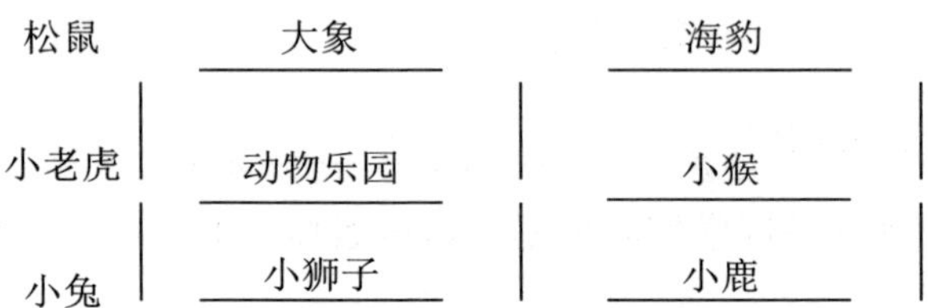

（2）松鼠、海豹、小兔、小鹿分别住在动物乐园的什么方向呢？

（3）这就是我们今天要探究的问题——辨认方向。

（4）讨论：

①这些方向叫什么呢？得给它们起个名字。

②先请同学们想一想。

③再与同桌说一说。

④全班交流：

a．松鼠在动物乐园的什么方向？

西北

松鼠既在动物乐园的西方，又在动物乐园的北方，可以先向北，再向西，所以人们习惯上称这个方向为西北。

b．海豹在动物乐园的什么方向？

东北（分析方法同上）

c．小兔和小鹿分别在动物乐园的什么方向？

西南、东南（分析方法同上）

⑤今天我们又认识了四个方向，分别是：

西北、东北、西南、东南

3．制作方向板

（1）现在请同学们看屏幕，这里老师给出了一个方向“北”，你能标出其余七个方向吗？（展示方位图）

（2）请大家拿出课前准备的正方形纸板，在上面标出八个方向，制成方向板。

（3）学生填写，教师巡视、辅导。

（4）学生填好后，教师用多媒体演示过程，学生对照检查。

（5）观察记忆

①请大家观察方向板，找一找规律，看怎样记比较快？

②学生观察，寻找记忆方法。

③总结归纳：

a．先按上北、下南、左西、右东确定出东、南、西、北四个方向，正西与正北之间的区域属于西北方向，正东与正北之间的区域属于东北方向，正西与正南之间的区域属于西南方向，正东与正南之间的区域属于东南方向。（用鼠标示意）

b．东—西 南—北 东北—西南 西北—东南，按相对方向记忆。

请大家根据你喜欢的方法，牢记这八个方向。

（6）应用

①利用方向板找出八个方向。

a．先确定一个方向“东”，请一个学生指出来，如果不行，则提示太阳升起的方向为东，然后再让学生判断。

b．现在大家把方向板在桌上摆好并确保方向板上的“东”指向东方。

c．根据方向板，找出其余七个方向，并用手指一指。

d．请学生站起来辨认。

e．辨认方向小游戏：

全体起立，老师示范。

面向东站立。小手指向东，指向北，指向东北拍拍手；小手指向西，指向南，指向西南拍拍手；小手指向南，指向东，指向东南拍拍手；小手指向北，指向西，指向西北拍拍手。

②利用方向板，说一说自己的西北、东北、西南、东南方向分别是哪位同学？

a．请4～5名学生站起来回答问题。

b．指定一名学生，请另外一位学生辨别被指定的学生在他的哪个方向。

三、实际应用

师：同学们，今天我们参观了动物村，掌握了这么多本领，你们觉得小动物们可爱吗？

生：可爱。

师：对！小动物们不仅可爱，更是人类的朋友，可是有一些不法分子为了眼前的利益，专门猎杀这些可爱的小动物。为了保护它们，瞧！（打开课件）动物王国正在招聘小卫士。为了这些动物朋友，你们愿意竞聘勇敢的小卫士吗？

（展示题目：招聘小卫士）

1．展示平面图

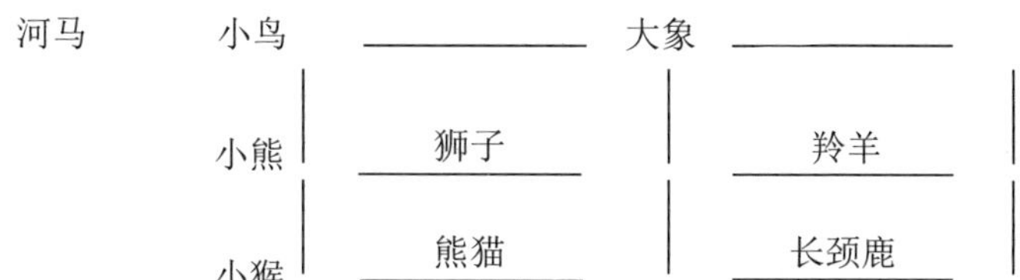

2．问题

①请你保护河马，你在狮子的________方向。

②你在狮子的东南方向，你保护的是______。

③请你保护小熊，你在小猴的______方向。

④你在狮子的东北方，你保护的是______。

⑤你在小熊的东北方，你保护的是______。

⑥请你保护熊猫，你在羚羊的______方向。

3．学生每回答对一个问题，就在平面图该位置上加一个小卫士卡片，以示鼓励。

（1）根据地图填空

师：真棒！有这么多同学通过了考试，老师真为你们感到高兴。接下来请同学们看这幅图。

（展示中国地图）

师：这是中国地图，我们的祖国幅员辽阔，陆地面积为960万平方千米，希望同学们长大后能将它建设得更加繁荣富强。现在请你从地图中找到首都北京。

请根据地图填一填：

四川大致在北京的______方向。

吉林大致在北京的______方向。

上海大致在北京的______方向。

我的家大致在北京的______方向。

（注：说出每两个城市的相对位置）

（2）根据提示设计游乐场平面图

师：最近我听说希望工程准备在本市兴建一个儿童游乐场，现在让我们当一回小小设计师，动手设计这个儿童游乐场吧！

①课件展示平面图

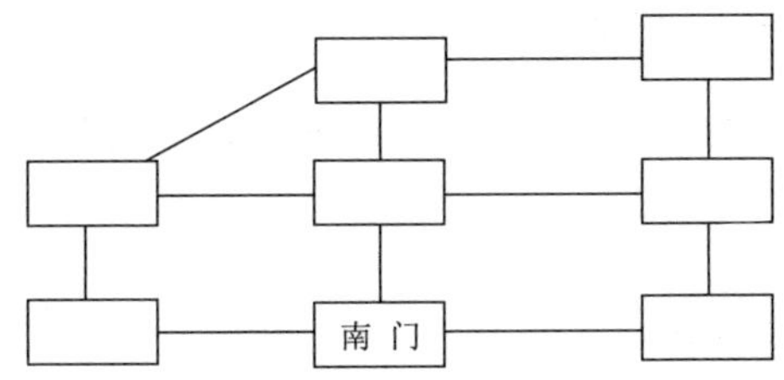

a．南门的北方是摩天大楼，摩天大楼的北方是划船场。

b．摩天大楼的东北方是自控飞船。

c．自控飞船的南方，赛车场的北面是蹦床。

d．摩天大楼的西南方是溜冰场，溜冰场的北方是太空监测站。

（3）学生拿出纸开始设计

（4）检查核对

（5）根据平面图提问

四、小结

这节课你都有哪些收获呢？

五、实践活动

请同学们到操场上看一看，操场的各个方向都有些什么。

“打电话”教学设计

教学内容

人教版教材数学五年级下册第102～103页内容。

教材分析

“打电话”这一综合与实践活动采用了学生生活中熟悉的素材。15人的合唱队在暑假期间接到紧急演出任务，老师要打电话尽快通知到每个队员，学生需要帮助老师设计打电话的方案，并从中找出最优的方案。学生通过这一过程，体会数学与生活的密切联系以及优化思想在生活中的应用，培养应用数学知识解决实际问题的能力。教材中提出了两种不同的方案：一种是逐个通知，这种方案最简单，但需要的时间最长；另一种是分组通知，这种方案比逐个通知要省时。两种方案都不是最优的方案，但遵循了学生的认知规律，从复杂到简单，从低效到高效，从基础方案到优化方案。问题“想一想：还有更快的方法吗？”，引导学生对比分析分组的方案，唤醒学生优化思想的知识基础和生活经验，使学生体会到要想用时最少，就需要接到通知的队员立即通知其他队员，每个人都不空闲，直到通知完全体队员为止。

学情分析

在数学四年级上册《数学广角——优化》章节中，已经有关于优化思想的知识。学生通过沏茶、烙饼等日常生活中的简单事例，尝试在解决问题的多种方案中寻找最优的方案，初步体会“把同一时间能做的事情综合起来统筹安排，就能节约时间”这一运筹学思想。“打电话”综合与实践活动，旨在让学生进一步体会优化思想在生活中的应用。最优的方案就是每个人都不空闲，接到通知的队员立即通知其他队员。学生已经初步具备用画图、列表的方法解决问题的能力，有一定的推理能力和逻辑分析能力。

教学目标

1．指导学生用画图、列表的方法，从解决问题的多种方案中找到“打电话”的最优方案，进行有目的、有计划、有步骤、有合作的实践活动。

2．进一步体验数学与生活的联系，经历针对具体问题提出思路，拟订方案解决问题的过程，培养学生运用数学知识解决实际问题的能力。

3．引导学生发现事物隐含的规律，感悟数形结合、推理、优化、模型等数学思想，进一步培养学生的归纳推理能力和解决实际问题的能力。

教学重点

用画图、列表等方法探究“打电话”的最优方案。

教学难点

理解、运用“打电话”的最优方案。

教学过程

一、创设情境，提出问题

1. 问题：同学们打过电话吗？

2. 打电话是我们必不可少的联系方式之一，这节课我们就来探索“打电话”中的数学问题。（板书：打电话）

3. 详述问题：六一儿童节快要到了，为了准备六一联欢演出，老师要组织合唱队周末进行排练，这个合唱队共有15人，老师需要尽快通知到每一个队员。如果用打电话的方式，每分钟可通知1人，请帮助老师设计打电话的方案。

4. 我们要解决的问题是什么？

[设计意图：好的情境能激发学生的学习兴趣，调动学生学习的积极性，六一儿童节是孩子们最喜欢的节日，通过准备六一联欢演出，通知合唱队周末排练，引出帮助老师设计“打电话”最优方案的问题，从而将生活中的数学与课堂上的数学联系起来。]

二、整理信息，分析问题

1．在这个问题中，你认为有哪些关键信息？

2．引导学生梳理出关键信息：

（1）要通知的人数为15人；

（2）通知的方式及用时：打电话通知，每分钟可通知1人；

（3）通知的要求：尽快通知到每个队员。

3．该怎样设计打电话方案呢？谈一谈你的想法。

［设计意图：此环节旨在培养学生阅读信息、提取信息的能力。在解决问题之前，引导学生读懂题意，找出关键信息，为解决问题做铺垫。］

三、拟订方案，解决问题

1．交流讨论

（1）逐个通知。课件演示，引导学生感受逐个通知效率低下；

（2）分组通知。

师：如果分组通知，你会怎么分组？分组之后再怎样通知呢？通知完所有人共需要多长时间？

（同桌两人为一组讨论，用图形或符号在练习本上画一画，算一算。重点指导学生讨论平均分组和不平均分组的情况。）

2．观察比较

学生展示汇报，教师组织学生互评，并板书分组方案。

3组（5，5，5）——7分钟

5组（3，3，3，3，3）——7分钟

3组（6，5，4）——6分钟

4组（4，4，4，3）——6分钟

师：这几种方案和逐个通知相比，你更喜欢哪一种？为什么？

（引导学生说出分组通知用时较少，因为分组通知时有组长帮忙。）

3．优化方案

（1）想一想：还有更快的方法吗？

（引导学生发现每个队员接到通知后马上通知别人，被通知到的人再继续通知其他人，直到通知完所有人，这种方案用时最短。）

（2）这种互相转告的方法要用多长时间呢？请同学们在练习本上画一画或算一算。

（3）请向大家介绍你的方案。

（4）课件展示示意图，4分钟时知道消息的总人数是（　）人，为什么这种方案用时最少？

（引导学生发现老师和接到通知的队员都不空闲。）

4．发现规律

师：通过观察这个示意图，你发现什么规律了吗？每分钟新接到通知的队员人数有什么特点？为什么要加上老师？

（引导得出结论：时间每增加1分钟，新接到通知的队员数正好是前面所有接到通知的队员和老师的总数，或者后一分钟知道消息的总人数是前一分钟知道消息的人总数的两倍。）

5．建构模型

师：怎样用简单的方式把我们的发现表示出来呢？

画出表格，学生对照示意图，合作完成表格。

时　间（分钟）	1	2	3	4	5	6	7	……
知道消息的总人数	2	4	8	16	32	64	128	
接到通知的队员人数	1	3	7	15	31	63	127	

师：观察表格，想一想知道消息的总人数与时间的关系：1分钟时（　）人；2分钟时（　）人；3分钟时（　）人；4分钟时（　）人；5分钟时（　）……到几分钟，知道消息的总人数就是几个2相乘，也就是时间每增加1分钟，接到通知的人数就会增加1倍，这就是数学上的“倍增问题”。（板书）

6．应用规律

（1）按照这样的方法，5分钟最多可以通知多少人？

可以列表、画图或列式计算：1＋2＋4＋8＋16＝31或者：2×2×2×2×2－1＝31。（板书）

（2）如果一个合唱队有50人，至少需要多长时间就可以通知到每个人？列式计算：2×2×2×2×2×2－1＝63。（板书）

[设计意图：本环节让学生经历“交流讨论—观察比较—优化方案—发现规律—建构模型—应用规律”的全过程，给足学生思考、交流、操作的时间和空间，让学生用表格、算式等多种形式表述思维过程，培养学生的符号意识以及思维的有序性和全面性，促进其数学能力的提升。]

四、交流反思，解释应用

1．今天我们通过画图、列表、计算，找到了在短时间内可以通过相互打电话通知很多人，提高工作效率的方案。如果想让这种方法在现实中切实可行，还要做什么准备工作？

（引导得出结论：要先画好电话通知示意图，再确定由谁通知谁。在只考虑理想情况的前提下，每通知1人正好用时1分钟。）

2．课件展示：一份工作两种薪资的数学问题——这就是倍增的力量。

3．现实生活中还有很多这样的倍增问题，比如我们常说的“一传十、十传百”“鸡生蛋，蛋孵鸡，鸡再生蛋，蛋再孵鸡”等。

4．这节课你有什么收获？

[设计意图：本环节重点引导学生回顾解决问题的过程及方法，梳理提炼解决问题的策略，培养学生联系实际解决问题的能力。]

板书设计

打电话——倍增问题

后一分钟知道消息的总人数是前一分钟知道消息的总人数的2倍。

逐个通知——15分钟

分组通知——（根据具体案例板书分组情况）

相互转告——4分钟

“植树问题”教学设计

教学内容

人教版教材数学五年级上册第106页例1及练习二十四1～5题。

教材分析

“植树问题”是人教版教材数学五年级上册的内容，教材将植树问题分为几种类型：两端都栽、两端不栽、一端栽另一端不栽。在植树问题中，植树的地点可以是一条线段，也可以是一条首尾相接的封闭曲线，如圆形。在封闭曲线上的植树问题可以转化为在一条线段上的植树问题中的“一端栽另一端不栽”的情况。本课的教学不仅要让学生熟练解决与植树问题相类似的实际问题，还要把解决植树问题作为渗透数学思想方法的一个学习支点。植树问题中最重要的数学思想就是模型思想，如何让学生从实际问题中抽象出数学模型的过程是教学的难点。为有效突破这一难点，就要突出线段图的教学作用，直观地帮助学生理解“植树问题”的数学模型，并在猜想、验证的过程中渗透化繁为简的化归思想。引导学生通过观察、猜测、验证、推理等活动进行体验和感悟，教学过程以“问题情境—建立模型—求解验证”的模式展开。

学情分析

学生已经学习了除法的含义、表内除法、除数是一位数的除法、除数是两位数的除法，对利用线段图来解决问题已有一定经验。从学生的思维特点看，五年级学生的抽象思维能力有了初步发展，具备一定的分析综合、抽象概括、归类梳理的数学活动经验。应重点引导学生自主探究，经历数学模型的构建过程，教师适时点拨，做到不愤不启、不悱不发。

教学目标

1．知识技能。引导学生通过观察、猜测、试验、推理等活动，探索两端都栽的植树问题的规律，构建数学模型，解决实际问题。

2．过程与方法。画示意图或线段图引导学生经历解决问题的全过程，培养学生自主解决问题的能力。

3．情感态度。在解决问题时激发学生对数学的好奇心和求知欲，体验获得成功的乐趣，建立自信心。

教学重点

探究棵数与间隔数之间的关系，建立植树问题的数学模型。

教学难点

应用植树问题的数学模型灵活解决相关实际问题。

教学准备

多媒体课件、笔、直尺

教学过程

一、创设情境，引入新课

师：同学们，你们知道3月12日是我们国家的什么节日吗？

生：植树节。

师：对！植树造林可以绿化美化我们的家园，为了增强人们保护环境的意识，我们国家把3月12日定为植树节。关于植树你们都知道些什么？

（学生各抒己见）

师：这节课我们就来研究植树中的数学问题。

（板书课题）

[设计意图：用植树节引出课题，为新课提供研究背景，同时渗透环境保护思想教育，了解学生的已知经验，做到有的放矢。]

二、自主探究，构建模型

1. 仔细观察，理解题意

（1）课件展示

例1：同学们在全长100米的小路一侧植树，每隔5米栽1棵树（两端都栽），一共要栽多少棵树？

（2）读题分析

师：请大家读一读题目，你从中发现了哪些重要信息？小路一侧是什么意思？每隔5米栽1棵树和两端都栽分别是什么意思？

（可以结合实物如尺子、教室过道、黑板等说一说。）

［设计意图：理解题意是有效解决问题的前提，此环节重在引导学生提取关键信息，进行问题分析。］

2．大胆猜测，引发思考

师：请同学们根据这些信息，猜一猜一共要栽多少棵树？

（学生自由猜测，说一说猜测理由，记录猜测结果。）

师：大家的猜测都有自己的理由和依据，到底对不对呢？我们需要验证一下。数学是一门严谨的学科，一定要用事实来说话。我们可以用画图的方法验证结果，用线段表示100米的小路，用我们喜欢的图形或符号表示树，每隔5米画1棵。但这样做是不是有些麻烦？如果小路长1000米、3000米甚至10000米，怎么办呢？

（学生谈看法）

师：在数学上，当我们遇到较复杂的问题时，可以先从简单的情况开始研究，当数字较大时我们可以先用较小的数来尝试。

3．操作验证，探索规律

师：我们可以从100米中选取其中的一小段来研究，大家觉得选择几米来研究比较合适？

生：10米、15米、20米等。

师：为什么选择这些数，而不选11米、23米呢？

生：被选的数应刚好可以被平均分。

师：请同学们自由选择100米中的一小段，用你喜欢的方式在练习本上画一画。

（学生画图）

师：把你画的和同桌说一说，看看你们画的有什么不同和相同的地方？

（同桌相互讨论）

师：谁愿意把你画的给大家分享分享，讲讲你是怎样画的，为什么这样画？

（选2～3名学生汇报，并板书这名学生选择的路长，间隔数和植树棵数。）

师：我们选择的一段路的长度叫路长，两棵树之间的那一段距离叫间隔长，有几个间隔叫间隔数，栽了几棵树叫棵数。

（板书：路长、间隔数、棵数）

师：同学们的想象力非常丰富，画出了不同的图形进行探究，为了简洁我们可以用一个点表示树，用一条线段表示这条路的一侧。简洁是数学的永恒追求。

师：如果我们选择100米中的20米来研究，也可以这样画。

（课件展示线段图）

师：在20米的距离中，请大家数一数有几个间隔，可以栽几棵树。

形成板书：路长　间隔数　棵数

20米　4　5

师：刚才同学们选择的长度都不一样，但在分析思考时却有相同的地方，你们能发现吗？

（学生自由讨论，重点说出植树棵数比间隔数多1或间隔数比植树棵数少1。）

4．归纳小结，建构模型

师：如果这条路长30米、35米……要栽几棵树呢？请大家在不画图的前提下，完成练习纸上的表格。

路长（米）	间隔长（米）	间隔数	棵数
30	5		
35	5		
40	5		
60	5		
……			
你的发现			

师：认真观察表格，你有什么发现？请将你的发现和同桌说

一说。

师：谁愿意把你的发现给大家讲一讲？

（学生汇报自己的发现，老师引导得出：路长÷间隔长＝间隔数，间隔数＋1＝棵数。）

师：这是一个重要的发现，为什么棵数比间隔数多1呢？

（演示课件）

师：我们通过画图分析、填表格，弄清楚了棵数和间隔数之间的关系，现在我出几道题考考大家。

课件展示：

9个间隔种（　）棵树，900个间隔种（　）棵树。

19棵树之间有（　）个间隔，190棵树之间有（　）个间隔。

5．运用规律，验证猜想

师：利用刚才发现的规律，验证一下同学们的猜想。

（回答例1一共要栽多少棵树。）

师：哪些同学猜对了？哪些同学猜错了？为什么猜错了？你有什么要提醒大家的？

（引导学生列出算式，强调要加1。）

［设计意图：本环节力图让学生经历猜测—验证—推理—归纳的过程，在验证猜想的过程中体会化繁为简的策略，重在引导学生进行画图分析，掌握解决问题的技巧和方法。在解决问题这个主线引导

下，学生经历解决问题的探究过程，从而建立自己的认知结构，感悟解决问题的策略，构建植树问题的数学模型。]

三、联系实际，灵活运用

1．展示练习二十四的第2题。

（完成后，让学生说一说是怎样解答的，运用了什么规律。）

2．展示“做一做”第1题。

3．展示练习二十四第4～5题。

（通过变式练习，进一步巩固规律，加深记忆，达到灵活运用的目的。）

师：看来植树问题并不是只和植树有关，生活中有很多问题都可以套用植树问题的模型去解答，如安装路灯、设公共汽车站等，希望同学们做生活中的有心人。

[设计意图：通过有层次的练习，学生能熟练运用规律解决实际问题，通过体验生活中的多重数学问题，启发学生用数学的眼光去观察，从数学的角度去分析和解决现实生活中的问题。]

四、回顾总结，寻找收获

师：这节课我们主要学习了什么内容？你都有哪些收获？

（学生回答问题）

师：今天我们研究的是在一条路的一侧植树，两端都要栽时，棵数和间隔数之间的关系，植树问题并不只有这一种情况，还有两端都不栽、一端栽另一端不栽等，下节课我们继续研究。

［设计意图：本环节重在引导学生进行回顾总结，构建完整的学习框架，突出重点内容，培养学生对学过的内容进行回顾整理的习惯。］

板书设计

植树问题——两端都栽

间隔数　　　棵数

4＋1　　　　5

路长÷间隔长＝间隔数

间隔数＋1＝棵数

“田忌赛马”教学设计

教学内容

人教版教材数学四年级上册第106页例3。

教学目标

1．通过听故事和玩游戏等活动，探究获胜的对策，体验对策论的重要性。

2．经历比较、推理、猜测等活动，感悟优化思想。

3．联系实际，使学生初步形成从数学的角度发现问题、提出问题、解决问题的意识。

教学重点

探索最优策略。

教学难点

灵活运用最优策略。

教学过程

一、故事引入

1．同学们，你们喜欢听故事吗？有没有听过“田忌赛马”的故事？田忌是怎样赢了齐威王的？谁能给大家讲一讲这个故事？

（板书：田忌赛马）

2．学生讲述“田忌赛马”的故事。

3．课件播放这个故事。

4．在前几次比赛中，田忌败得一塌糊涂，他是怎样和齐威王对阵的？

（生：上等马对上等马，中等马对中等马，下等马对下等马。）

5．课件展示前几次比赛情况。

	第一场	第二场	第三场
齐威王	上等马	中等马	下等马
田忌	上等马	中等马	下等马
本场胜者	齐威王	齐威王	齐威王

二、自主探究

（一）探究原因

1．后来田忌是怎样战胜齐威王的？

（生：下等马对上等马、上等马对中等马、中等马对下等马。）

2．为什么这样就可以战胜齐威王呢？故事中都有哪些关键信息？

（1）比赛的规则是三局两胜。

（2）他们每人各有上、中、下三匹不同等级的马。

（3）在同等级的马中，田忌的马都不如齐威王的马。

3. 课件展示反败为胜的策略。

	第一场	第二场	第三场
齐威王	上等马	中等马	下等马
田忌	下等马	上等马	中等马
本场胜者	齐威王	田忌	田忌

4. 田忌为什么要用最弱的马对阵齐威王最强的马？

（生：为了确保后面连赢两场，从而整体取胜。）

5. 小结板书：最弱对最强——整体取胜。

（二）游戏体验

1. 提问：田忌所用的这种策略是不是唯一能赢齐威王的方法？

2. 扮演齐威王和田忌，进行一次模拟赛马。

规则：

（1）同桌两人一组，左边的同学扮演齐威王，右边的同学扮演田忌。

（2）比赛为三局两胜制。

（3）赢一局在练习本上记10分，至少进行三局比赛。

3. 游戏结束后提问：

（1）齐威王的扮演者赢了几局？他有什么感受？

（生：赢的次数比较多，很开心。）

（2）田忌的扮演者赢了几局？怎样才能赢齐威王？

（生：只赢了一局，齐威王先派马匹。）

（三）列表探索

1. 提问：田忌共有多少种可采用的策略？假设我们已经知道齐威王的赛马出场顺序是上、中、下。

2. 先在练习本上写一写或者画一画，然后和同桌商量，找出所有应对策略。

3. 学生代表介绍。

4. 介绍列表法。为了简单清楚地表示所有策略，我们可以用前面学过的方法列表。

5. 课件演示列表，学生共同完成。

6. 通过列表找到可以取胜的策略，然后把解决问题的所有可能性都一一找出来，从中找到最优策略，这是数学中一种很重要的方法。

（四）得出结论

1. 田忌能反败为胜是因为他的朋友孙膑运用了运筹帷幄的方法，所以能很快地找出取胜的策略。

2．取胜的关键是什么？对方先派马匹，用最弱对最强的策略，整体取胜。这就叫知己知彼，百战百胜。

三、练习巩固

刚才我们在故事中研究了对策问题。现在我们来玩一个扑克牌游戏。

扑克牌游戏：将学生分为红方和黑方，两位学生代表上台比赛，用扑克牌比大小，三局两胜，赢一次奖10分。

（1）红桃9、7、5，黑桃8、6、3。（红方先出）

（2）改变牌的数字：红桃9、7、6，黑桃5、4、3。

（3）得出结论：在实力相差不大的情况下才能以弱胜强。

四、全课小结

这节课你都有哪些收获？

“图形中的规律”教学设计

（获省级教学设计评比一等奖）

教学内容

北师大版实验教材数学五年级上册第100～101页的内容

教学目标

知识目标：引导学生找出用小棒合摆一排三角形，三角形的个数与所用小棒根数之间的规律，并用含有字母的式子表示。

能力目标：学生通过小棒摆图形、找规律的活动，发展抽象概括能力。

情感目标：学生通过摆图形、找规律的活动，体验成功的快乐，产生自主探究数学知识的欲望。

教学重点

学生经历动手操作、探索发现的过程，找到探究这一类数学知识的方法。

教学难点

学生能用准确的语言描述自主探究的过程，并说出这样列式的算理。

教具学具

多媒体课件、50根小棒、2张统计表 / 人

教学过程

一、兴趣导入

1．听

师：请同学们听。（拍手）

师：你们能让掌声继续吗？（学生拍手）

师：好！你们有什么发现？（先拍一下，再拍两下……）

2．看

师：再过几周，六一儿童节就到了，我计划举办庆祝活动，这是我设计的现场一角，大家有什么发现？

（课件展示装饰过的黑板，中间是用三角形和正方形组成的“六一”字样，四周有用笑脸围成的花边。）

师：只要我们仔细观察、认真分析，就会发现生活中存在一些规律，这节课胡老师想带领大家一起探索数学图形中的规律，你们愿意吗？

[设计意图：首先，通过调动感官吸引学生注意力；其次，通过

较为简单的找规律活动增强学生的信心；再次，为新课做铺垫，帮助学生体会要找到规律需仔细观察、认真思考。]

二、探索发现

摆三角形，探索三角形个数与小棒根数的关系。

师：请大家用小棒摆出1个三角形来，数一数一共用了几根小棒。

生：3根。

师：请大家再独立摆2个三角形，看看一共用了几根小棒。

生：9根。

师：摆3个三角形需要9根小棒，我还可以这样摆（课件展示摆好的3个三角形），请大家数一数我用了几根小棒。

师：同样是摆了3个三角形，为什么我用的小棒根数比你们用的少呢？

（学生找出公共边后，课件的对应位置闪烁。）

师：对，这叫公共边，即相邻的三角形共用一条边。

（板书：公共边）

师：如果相邻的三角形都共用一条边，继续摆，摆10个三角形需要多少根小棒呢？

（课件展示图例）

师：现在我们来列表推测数据，列表需要同学们相互合作，请先听要求。

（课件展示统计表和要求）

师：请大家先摆1个，再摆2个、3个……以此类推，直到摆出10个三角形，并数一数每次所摆的三角形共需要几根小棒，将数据记录在统计表里。同桌合作，一人摆一人记录。

（学生摆三角形）

师：现在谁愿意汇报一下，你们所摆的图形个数和所需要的小棒根数？

（学生汇报）

师：请大家仔细观察上表，看看你有什么发现？

（课件展示统计表，学生谈发现。老师引导学生得出每多摆1个三角形就增加2根小棒的结论。）

师：你是怎样发现这一重要规律的？

（学生谈看法）

师：同学们讲得都很有道理。摆10个三角形需要多少根小棒，我们可以摆出来之后再数。那如果我要知道摆100个、1000个或更多三角形需要多少根小棒，还可以摆出来之后再数吗？

生：不可以。

师：那你有什么好的办法吗？

生：用算式计算。

师：怎样计算摆10个三角形需要多少根小棒？

1＋2＋9×2　　10×2＋1　　3＋9×2

师：根据这一发现，谁能很快算出摆20个三角形需要多少根小棒？

3＋（20－1）×2＝3＋19×2＝41（根）　　20×2＋1＝41（根）

师：如果用字母“N”表示所摆三角形的个数，那么谁能用一个算式表示摆N个三角形需要的小棒的根数呢？

（板书：2N＋1）

师：淘气有50根小棒，他想让大家帮他算一算，用这些小棒可以摆25个三角形吗？

2×25＋1＝57（根）＞50（根）

师：答案显而易见，不够。通过摆三角形，大家发现了这么重要的规律，如果摆正方形会有什么样的规律呢？如果这些正方形也像之前的三角形一样，共用一条边，请大家看看需要多少根小棒，并将结果填入统计表中。

（同桌合作，一人摆一人记录）

师：谁愿意汇报一下你们的结果？

（汇报结束后用课件展示统计表）

师：大家从这个表中发现了什么？

（学生谈发现）

（板书：每多摆1个正方形就增加3根小棒。）

师：你是怎样发现这一重要规律的？

（引导学生从数和图形的关系入手思考）

师：根据这一重要发现，你能很快算出摆20个正方形需要多少根小棒吗？

4＋(20-1)×3　　1＋20×3

师：以此类推，如果摆N个正方形，需要多少根小棒呢？谁能列出算式？

（答案：3N＋1。）

师：非常正确，这样我们就能算出摆任意个数的正方形所需要的小棒根数。

师：现在请大家看黑板，通过用小棒摆三角形、正方形，我们发现摆三角形，每多摆1个三角形增加2根小棒。摆正方形，每多摆1个正方形增加3根小棒。由此，我们总结出了公式，能算出摆任意个数的三角形和正方形所需的小棒根数。

（板书：实践操作—探索发现—总结归纳）

师：现在请大家读一遍我们的伟大发现好吗？

（用手势引导学生读）

[设计意图：让学生亲历探索的过程，培养学生整理、分析、归纳总结的能力，从而获得学习的成就感。]

师：同学们，数学中的伟大发现很多都源于生活中常见的现象，希望你们在今后的学习中、生活中也有善于发现的眼光。

三、全课总结

师：这节课我们也当一回探索的小主人，谁愿意谈一谈你都有哪些收获和感受呢？

（学生分享感悟）

四、实践活动

用小棒摆图形，并尝试寻找所摆图形的个数与所需小棒根数的规律。

“找次品”教学设计和反思

（录像课获省级“优课”）

设计理念

数学学习除了掌握基本的数学知识和技能，更重要的是通过具体知识的学习，培养数学思维。本节课通过一系列找次品活动，由简单到复杂，由特殊到一般，让学生在比较、猜想、验证等活动中逐步感悟、总结和提炼出解决问题的最优策略，学会一些探索的方法，积累一定的活动经验，感悟数学的思考方法。

教学内容

人教版教材数学五年级下册第111页及相应练习。

学情与教材分析

“找次品”是人教版数学教材第八单元里的内容。本单元以“找次品”这一探索性操作活动为载体，让学生通过观察、猜测、试验等方式探索解决问题的策略。同时，进一步理解随机事件，感受解决问题策略的多样性，优化思想，培养观察、分析、逻辑推理的能力，并学习如何用直观的方式清晰、简洁、有条理地展示逻辑推理过程。学生之前已经学过植树问题、烙饼问题、鸡兔同笼问题等，有一定的活动经验，掌握了一些数学思想方法。在生活中，学生大多见过天平，对天平有一些初步认知，可在此基础上引导学生探索解决找次品问题的一般规律和方法。

教学目标

1. 通过比较、猜测、验证等活动，探索解决问题的策略，优化思想，感受解决问题的多样性，培养观察、分析、推理的能力。

2. 学习用图形、符号等直观的方式，清晰、简明地展示逻辑推理过程，培养逻辑思维的能力。

3. 通过解决实际生活中的问题，初步培养学生的应用意识和问题解决能力。

教学重点

借助实物操作、画图等活动，理解并解决简单的“找次品”问题，在此基础上归纳出解决这类问题的最优策略，并清晰有条理地展示逻辑推理的过程。

教学难点

发现并运用最优策略。

教学过程

一、巧设情境，建立模型

1．揭示“次品”概念

老师拿出课前准备的3瓶口香糖，告诉学生这3瓶口香糖中有1瓶少了2颗口香糖，那这一瓶的重量与标准重量相比自然就轻一些，在生活中这样的物品就是——次品。

（板书）

师：这3瓶中哪一瓶是次品呢？怎样才能很快地知道？谁能帮我想想办法？

（学生自由发言）

师：如果用天平来称，至少需要称几次才能找出次品？请独立思考。

[设计意图：用学生熟悉的口香糖引入数学问题，能充分调动学生的学习兴趣，使学生在快乐轻松的氛围中开展探究活动。]

2．建立基本模型

（1）学生代表上台演示

师：谁来说说至少要称几次才能保证找到次品？

（部分或大部分人认为需要称2次，部分思维敏捷的同学会认为需要称1次。请认为需要称1次的同学上台展示。）

师：你见过天平吗？

生：见过。

师：天平长什么样子？（示意学生平举双臂）这就是天平，请你向大家展示，你是怎样1次就找出次品的？

生：（两手各拿1瓶口香糖）如果两边平衡，剩下的就是次品。如果有一边升高了，升高的那一端就是次品。

师：从3瓶口香糖中任意拿出2瓶分别放在天平的两端，如果天平两端是平衡的，次品在哪里？如果天平两端不平衡，次品在哪里？

（学生回答问题）

师：不管是哪一种情况，几次就可以找到次品了呀？

生：1次。

（2）课件展示

用小长方形表示口香糖，以简单的图示呈现称重的过程，进一步加深学生印象，此时渗透画图记录的方法，为后面的学习做铺垫。

二、提出问题，探索规律

1. 提出问题，引导猜想

师：3瓶口香糖中有1瓶次品，用天平称，至少称1次就可以找出次品。如果不是3瓶，要在几百瓶甚至几千瓶中找1瓶次品，用天平称，至少需要称几次才能找出次品呢？假设有729瓶（随机板书）口香糖，其中有1瓶次品，用天平称，至少需要称几次呢？请你猜一猜！

（把猜测的结果写在黑板上）

师：既然大多数同学都认为至少需要称几百次，那今天这节课我们就来研究这个问题。

师：解决问题时，面对比较庞大的数据，我们往往可以采取一种策略——化繁为简（随机板书），也就是把数据转化得小一些。怎么转化呢？刚才我们研究过从3瓶中找到次品的情况，现在我们研究几瓶好呢？

（学生随意报自己想研究的瓶数）

师：我们先来研究5瓶好不好？如果5瓶当中有1瓶次品，用天平称，至少称几次就能保证找到？

（用课件展示问题）

2. 第一次探究

师：请大家先独立思考，然后用圆圈代表口香糖，在练习本上动手画一画。

（学生画图）

师：把你的方法和同桌小声地说一说。

（学生讨论）

师：谁愿意把你的方法给大家讲一讲？

生1：我先拿出2瓶，在天平两端各放1瓶，如果平衡，就再拿2瓶放在天平两端，如果平衡，剩下的就是次品，如果不平衡，翘起的那一瓶就是次品，只需要称2次就可以找到次品。

师：他的这种方法2次就可以找出次品，我们还可以用数字记录称的过程。

[板书：5→（1、1、3）→（1、1）=2次]

生2：我也是2次就找出次品了，方法和他的不一样。我先在天平两端各放2瓶，如果平衡了剩下的就是次品，当然这是比较幸运的，如果不平衡，把翘起的2瓶再称1次，就可以找出次品了。

[板书：5→（2、2、1）→（1、1）=2次]

师：老师发现刚才的两种称法，在每一次称的时候，天平左右两端瓶数始终一样，这是为什么呀？为什么不一边放2瓶，一边放3瓶呢？

师：因为正品和次品的差距往往很小，所以当瓶数不一样时，用天平称量便无法判断结果。

3．第二次探究

师：我们研究过从5瓶中找次品的情况，离729瓶还差得远，再靠近点，接下来我们研究多少瓶呢？

（学生回答：10瓶、15瓶、100瓶等。）

师：个位数中9最大，我们研究9瓶好不好？

（课件展示：9瓶口香糖中有1瓶是次品，用天平称，至少需要称几次能找出次品？）

（1）学生先独立思考，再用图或数字在练习本上记录称的过程。

（2）前后桌4位同学为一组讨论交流。

（3）分组汇报。

根据汇报板书：

9→（1、1、7）→（1、1、5）→（1、1、3）→（1、1、1）=4次

9→（4、4、1）→（2、2）→（1、1）=3次

9→（2、2、5）→（2、2、1）→（1、1）=3次

9→（3、3、3）→（1、1、1）=2次

师：请大家仔细观察这几种方法，大家都认为至少需要称3次才能找出次品，为什么这位同学2次就找出了次品？看看你能发现什么奥秘？

引导总结，得出结论：先把9瓶平均分成3份，在天平两端各放3瓶，天平如果平衡，次品就在剩下的3瓶里，如果不平衡，次品就在翘起那端的3瓶里，接下来只需要在3瓶里找1个次品，只要再称1次就可以了。这样操作，称1次就可以淘汰6瓶，淘汰的瓶数最多。剩下的瓶数越少，最后所需要称的次数自然就会越少。

总结规律：把物品总数平均分成3份，称重次数最少。

4．第三次探究

师：是不是所有总数可以平均分成3份的物品，平均分成3份来称，需要称的次数最少呢？我们还需要进一步验证，如果12瓶中有1

瓶是次品，沿用刚才的思路，平均分成3份用天平称，至少要称几次可以找出次品？

[板书：12→（4、4、4）→（2、2）→（1、1）=3次]

师：按照刚才那位同学的方法，至少要称3次才能找到次品。3次真的就是最少的次数吗？有没有比3次还少的办法呢？如果有，说明这纯属偶然现象。请同学们赶快动手在练习本上画一画、写一写，看看有没有比3次更少的称法。

（学生思考后在练习本上用图示或数字的形式记录称重过程，然后以前后桌4位同学为一组分别讨论交流，最后全班交流，教师随着学生的表述板书。）

12→（6、6）→（3、3）→（1、1）=3次

12→（3、3、6）→（3、3）→（1、1、1）=3次

12→（2、2、8）→（2、2、4）→（2、2）→（1、1）=4次

师：由于时间关系，我们不再继续验证，但可以总结出其中的规律，这个规律是什么呢？

引导小结：物品总数如果能平均分成3份，就把物品尽量平均分成3份来称，所需次数最少。

三、巩固应用，解决疑问

师：通过刚才的探究，我们已经找到了内在的规律，现在老师想考考大家，看看咱们班同学的数学感觉如何，谁的反应快。27瓶口香

糖中有1瓶次品，用天平称，至少需要称几次能找出次品？

生：3次，先在天平两边各放9瓶，天平如果平衡，次品就在剩下的9瓶里，如果不平衡，次品就在翘起那端的9瓶里，接下来就在9瓶里找1瓶次品，刚才我们已经知道在9瓶里找1瓶次品需要称2次，所以一共只需称3次就可以找出次品。

[课件展示：27→（9、9、9）→（3、3、3）→（1、1、1）=3次]

师：如果从81瓶中找1瓶次品，至少需要用天平称几次能找到呢？

生：4次，把81瓶平均分成3份，每份是27瓶，用天平称1次就可以确定次品在哪一份里，接下来从27瓶中找出次品需要3次，所以一共需称4次。

师：这位同学反应真快。

[课件展示：81→（27、27、27）=4次]

师：如果从243瓶中找1瓶次品，至少需要用天平称几次？

生：5次，把243瓶平均分成3份，每份是81瓶，5次就可以找出次品。

[课件展示：243→（81、81、81）=5次]

师：同学们猜一猜，接下来我会假设从多少瓶口香糖中找次品？

生：729瓶。

师：真是英雄所见略同啊！你们认为只需称几次就可以找出次品？

生：6次。

[随着学生的表述用课件展示：729→（81、81、81）=6次]

[设计意图：强化练习，解决课前提出的问题，使学习过程完整、科学，引导学生掌握数学规律，感受数学的魅力。]

四、回顾总结

1．全课小结

引导学生回顾总结全课，将课题补充完整。

2．提出问题

今天我们找次品的物品总数不管是9、12，还是27、81、243，都是3的倍数，也就是可以直接平均分成3份，如果物品总数不是3的倍数，又该怎样操作呢？这个问题，我们下节课继续研究。

[设计意图：总结全课，抛出问题，为下节课的学习埋下伏笔。]

教学反思

找次品问题是一类经典的数学问题，教材中只选择了比较简单的一类情况作为例题，即有n个从外表看完全相同的零件，其中1个是次品，次品比合格品重或轻一些，用天平至少称几次能找出次品？这类问题，一般性的解决方法是把n个零件平均分成3份。在教学中，不是简单地将这一方法直接告诉学生，而是通过一系列“找次品”活动，由简单到复杂，由特殊到一般，让学生在比较、猜想、验证的过程中逐步感悟、总结和提炼。本节课以“创设情境—建立模型—求解验证”为主线，让学生在活动中掌握相关的知识技能，感悟数学思想，积累活动经验。

一、创设生动有趣的问题情境。问题情境的作用之一，就是唤醒学生已有的知识与经验，使之成为学生分析、解决问题的脚手架。在教学中，首先解决在3瓶口香糖中找1瓶次品的问题。部分学生在生活中已经见过天平，或者对天平有初步认识，先让学生独立思考，再回答问题、相互交流。学生在回答问题时出现了两种答案，一部分学生认为需要称2次，一部分学生认为需要称1次，此时，让认为只需要称1次的学生上台演示称的过程。此外，让学生将两臂平举，以身体演示天平的称重过程，形象而又逼真，使找次品的基本数学模型深深根植在学生的脑海里，为后面的学习做好铺垫。正当学生有些“得意”之时，提出在729瓶口香糖中有1瓶次品，用天平至少称几次能找到次品的问题，让学生先进行猜测，多数学生认为需要称重几十次，甚至几百次。由于数值较大，容易引起学生强烈的认知冲突，学生很自然地处于“悱愤”的状态，继而被“卷入”学习活动之中，激起强烈的探索欲望。正如郑毓信教授所言：“好的数学情境，应该是满足一个基本的要求：就相关内容而言，特定情境的设置不应该仅仅起到一个个敲门砖的作用，也不仅仅有益于调动学生的积极性，而应该在课堂的进一步开展中自始至终发挥一定的导向作用。”

二、问题中的数值设置独具匠心。在教学中设置了3、5、9、

12、27、81、243、729等一连串的数值，问题展开具备梯度和逻辑关联。3个样本中有1个次品，用天平称，至少1次就可以找到次品。这是找次品问题最基本的模型，一定要让每个学生都掌握。接下来提出在729瓶口香糖中找1瓶次品的问题。从3瓶一下跳跃到729瓶，学生顿感茫然和无措，仿佛置身“山重水复疑无路”之境。这样的问题给学生提供了较大的探索余地和思考空间，促使其展开探究活动。由于数值较大，要解决这样的问题需化繁为简，先从5瓶开始探究，掌握用天平称重的一般方法，并学会用图示和数字记录称重的过程，清晰、有条理地表述逻辑推理过程。接下来从9瓶中找次品，从各种方案中发现规律，再将发现的规律在12瓶中进行验证，然后将规律应用到27瓶、81瓶、243瓶，一直到729瓶的情况中，学生很自然地就会想到27瓶可以分成3个9瓶，81瓶可以分成3个27瓶，以此类推，729瓶可以分成3个243瓶，所以只需要称6次就可以找出次品。教学过程既蕴含丰富的数学思想，如化繁为简思想、推理思想、转化思想和优化思想等，又能培养学生严谨的逻辑推理能力。学生在“山重水复疑无路，柳暗花明又一村”的过程中积累丰富的数学知识，培养解决问题的能力。

“比较分数的大小”教学案例

教学片段

师：在比较分数的大小时，常会遇到哪几种情形？大家能分别举例吗？

生1：同分母的分数相比较，如$\frac{4}{5}$和$\frac{2}{5}$。

生2：同分子的分数相比较，如$\frac{1}{3}$和$\frac{1}{4}$。

生3：分母和分子都不相同的分数相比较，如$\frac{5}{6}$和$\frac{7}{8}$。

师：大家说得很全面。请大家分别说出比较这三种类型的分数大小的方法。

（小组讨论，点名汇报）

生4：同分母的分数相比较，分子大的分数更大，如$\frac{4}{5}>\frac{2}{5}$

生5：分子相同的分数，分母较小的分数更大，如$\frac{1}{3}>\frac{1}{4}$。

生6：分母和分子都不相同的分数，要先通分，将其变成同分母的分数，再比较大小，如比较$\frac{5}{6}$和$\frac{7}{8}$的大小，$\frac{5}{6}=\frac{20}{24}$，$\frac{7}{8}=\frac{21}{24}$，

因为$\frac{20}{24}<\frac{21}{24}$，所以$\frac{5}{6}<\frac{7}{8}$。

师：那么，这些方法的原理是什么呢？

生7：分母相同的分数，分数单位相同，分子大的分数包含分数的单位个数更多，所以分数值更大。

生8：分子相同的分数，分母更小的分数表示平均分的份数更少，那么其中的一份代表的分数值就更大。

（有部分学生呈似懂非懂态）

生8：举个简单的例子，1袋糖平均分给5个人吃和平均分给6个人吃，当然是分给5个人时每个人得到的糖多。

（学生纷纷点头微笑，教师表扬了生8，并准备进行小结。）

生9：我觉得分母和分子都不相同的分数，不一定要先通分再比较，有时也可以先约分再比较。如$\frac{6}{9}$和$\frac{1}{3}$比较大小，因为$\frac{2}{3}>\frac{1}{3}$，所以$\frac{6}{9}>\frac{1}{3}$。

生10：我觉得分母和分子都不相同的分数，不一定要先通分或约分再比较。如$\frac{5}{6}$和$\frac{7}{8}$比较大小，$\frac{5}{6}$比单位“1”少$\frac{1}{6}$，而$\frac{7}{8}$比单位“1”少$\frac{1}{8}$，$\frac{1}{6}>\frac{1}{8}$，所以$\frac{5}{6}<\frac{7}{8}$。

（师生共同鼓掌）

生11：分母和分子都不相同的分数，我们还可以将其先化成同分子的分数再进行比较。如$\frac{2}{9}$和$\frac{3}{11}$比较大小，$\frac{2}{9}=\frac{6}{27}$，$\frac{3}{11}=\frac{6}{22}$，因

为$\frac{6}{27}<\frac{6}{22}$，所以$\frac{2}{9}<\frac{3}{11}$。

（同学们不约而同地为之鼓掌。）

师：刚才三位同学提出了比较分母和分子都不相同的分数的独特方法，你们觉得这些方法哪种最简便？

生12：能约分的，先约分再比较，更简便。

生13：有些分数不能约分，可以先化成同分子的分数再比较，如$\frac{2}{9}$和$\frac{3}{11}$比较大小，化成$\frac{6}{27}$和$\frac{6}{22}$，比通分成$\frac{22}{99}$和$\frac{27}{99}$更简便。

生14：既然先化成同分子的分数，再进行比较更简便，为什么课本上都讲先通分，再比较呢？

……

教学评析

从上面的教学片段中，可以看出学生主动思考，积极探索，深入钻研，课堂参与程度高，思维灵活多样，富有创造性，是自主学习的成功案例。师生交流时通过智慧火花的碰撞，情感和心灵的沟通，形成了真正的“学习共同体”。

1．教师在教学中准确把握自己的定位。教师真正把自己当成学生学习的帮助者、激励者和课堂生活的导演，凸显学生的主体地位。教师为学生提供适宜、丰富、有趣的活动内容，创设民主和谐、自由安全的课堂氛围，保证学生有充分的时间和空间，体现了人本主义教育思想。

2．有效参与，获取新知。传统知识、思维能力、情感体验、积极的人生态度等，都产生于一定的教学过程中。学生在教学过程中的表现千差万别，思维能力不同，情感活动样式各异，意志活动强弱不一，学习的过程和方法也不尽相同。在这个教学片段中，教师没有把比较分数大小的方法直接灌输给学生，而是打破常规，先把问题抛给学生，让学生从问题出发，调动已有的知识和经验去理解问题。当老师提出比较分数的大小常遇到哪几种类型的问题时，学生凭自己的感受和体会发表看法。至此，教师话锋一转，又引导学生提出其他方法。学生根据自己的学习经验分别提出先约分再比较，先通分再比较，以及联系分数的意义逆向思考来比较等富有创造性的方法。可见，学生对本节课知识的掌握和能力的形成，建立在主动、有效参与的基础上，是在感受和体验的过程中实现的。教师没有以自己的思想去代替学生思考，也没有规范或限制学生的思维活动，而是鼓励学生独立思考、发散思维。在教学过程中学生千差万别的表现，源自学生水平各异的思维和分析能力，这是其有效参与教学活动的体现。

3．用问题打开思路。问题是放飞思维、展开想象的翅膀，问题的出现使学生产生学习的动力，因此教师要精心设计问题，给学生创新的契机。在此教学片段中，教师设计了这样几个问题：

①比较分数的大小常遇到哪几种类型的问题？

②比较分数的大小各采用怎样的方法？

③比较分数的大小的方法，其原理是什么？

④比较分数的大小有哪些更好的方法？

学生在讨论活动中不仅理清了知识结构，而且提出了不同的方法。

从这个案例中可知，数学教学应从学生的生活经验和已有的知识背景出发，激发学生的学习积极性，向他们提供充分的思考和交流机会，帮助他们在自主探索和合作交流的过程中真正理解和掌握基本的数学知识和技能、数学思想和方法。坚持学生在学习过程中的主体地位，能够让学生的生命潜能和创造精神在丰富多样的自主学习中获得充分释放，让课堂真正成为学生舒展灵性的空间！

“平行与垂直”教学设计与反思

教学内容

人教版教材数学四年级上册第56～57页的内容以及练习十第1～3题

教学目标

知识与技能：学生初步理解垂直与平行是同一个平面内两条直线的两种特殊的位置关系，初步认识垂线与平行线。

过程与方法：经历观察、操作、类比、归纳、想象等活动培养学生的观察能力、空间想象能力及抽象概括能力。

情感与态度：体会教学的应用价值和美感，激发学生学习数学的兴趣。

教学重点

理解垂直与平行的概念。

教学难点

1．理解“同一平面、相交、不相交”的含义，发展空间观念。

2．理解“互相平行、互相垂直”的意义。

教具准备

多媒体课件、展台

学具准备

1张A4纸、1支彩笔、量角器、三角板、3根小棒、1张方格纸

教学过程

一、创设情境，导入新课

1．情境引入

师：今天胡老师为大家请来了一位神秘人物，请看大屏幕。

（课件展示孙悟空图片）

师：孙悟空神通广大，武艺高强。他使用的兵器，你们知道叫什么吗？

生：金箍棒。

师：金箍棒像我们学过的哪一种线？

生：直线。

2．复习直线的特征

师：如果把金箍棒看作我们学过的直线，请大家回想一下，直线都有哪些特征呢？

（课件展示直线的特征）

师：直线的特征我们已经非常熟悉了。今天我们继续学习直线的相关知识。

二、探究新知

（一）画图分类

师：课前老师让大家准备了一张白纸，请拿出来。我想请大家发挥想象力，跟着老师一起想象，请闭上眼睛，这张白纸在慢慢变大，渐渐地和咱们教室的地面一样大，和咱们的操场一样大，继续变大，一直到无限大。这时，在白纸上出现了一条直线，接着又出现了另一条直线，这两条直线的位置是怎样的呢？

师：请把你想到的场景用彩笔画下来。

（展示学生作品）

师：大家的想象力真丰富！画出了这么多种不同的情况。老师也想到了几种情况，请看大屏幕。

（课件展示6种不同的情况）

师：请你们仔细观察，不同的图形可以分成哪几类？为什么这样分？然后把你的想法和同桌小声说一说。

（学生汇报分类情况。当有学生说到“交叉”一词时，随即解释数学上把这种交叉的关系称为相交，然后板书学生汇报的分类情况。）

师：这些分法你更赞同哪一种？如果将你画的没有相交的两条直线再画长一些会怎样？

生：二号、六号图中的直线，即使延长也不相交，三号图中的直线延长后相交了。

（课件演示）

师：像这样延长后会相交的两条直线是相交的一种情况，因为我们都知道直线是可以无限延长的，画出的直线只是其中一部分。

师：对于第一次的分类结果，你们有什么想说的？

（学生讨论）

（二）概括归纳

师：看来我们在纸上任意画两条直线，可能相交，也可能不相交。

（板书：两条直线　相交　不相交）

1．认识平行线

（1）理解定义

师：像这样的两条直线叫平行线。你能用自己的话说一说，什么是平行线吗？

（请学生发言）

师：到底什么样的直线是平行线呢？请看屏幕。

（课件展示平行线的定义，学生齐读）

（2）理解“同一平面内”的概念

师：平行线除了不相交外还必须在同一平面内。

（板书：同一平面）

师：“同一平面内”该怎样理解呢？

（利用教室的横梁和立柱，帮助学生理解同一平面内的概念）

小结：所以两条直线平行，“同一平面内”和“不相交”这两个条件缺一不可。

师：为什么要加“互相”两个字？（展示三组不同位置的平行线）平行指两条直线的位置关系，不能单独说某条直线是平行线。像这样的直线a和直线b，我们可以说直线a和直线b互相平行，但不能说直线a是平行线或者直线b是平行线。

（3）介绍平行符号及其记法和读法

（4）举例

师：我们认识了平行线，请大家在身边找一找，说说你在哪些地方见过有关平行的现象。

（学生举例后，课件展示图片）

师：生活中有许多数学知识，希望同学们多留心多观察，做学习的有心人。

2．认识垂线

（1）理解定义

师：刚才我们认识了两条直线不相交的情况——平行，现在来看看相交的情况。请大家用火眼金睛观察这几组相交的直线，看看有什么发现？

（课件展示相交的直线）

生1：都形成了四个角。

生2：有一组直线相交形成直角，其余相交的直线形成的都不是直角。

生3：有两条直线相交形成直角，而其他直线相交形成的角，有的是锐角，有的是钝角。

师：现在请大家用量角器量一量，看看你画的相交的两条直线形成的四个角中分别有哪些角，没有画出相交的两条直线的同学可以观察屏幕中的图形。谁来说一说你的发现？

生1：有的是锐角，有的是钝角，有的是直角。

生2：两条相交的直线若形成一个直角，则相交形成的四个角都是直角。

师：可见两条直线相交有的可形成直角，形成直角的两条直线是什么关系呢？

（课件展示互相垂直的定义）

（2）判断巩固

师：观察这里的三幅图，看一看它们有什么相同点和不同点？

（课件展示三组不同位置的垂线）

生：每幅图中的两条直线相交都形成了直角，直线所处的位置不同。

引导小结：垂直关键要看两条直线相交是否形成直角，与怎样摆放无关。

（3）介绍垂直符号及其记法、读法

（4）举例

师：生活中你在哪些地方见过垂直的现象？

（学生说完后，展示图片）

三、巩固练习

师：平行与垂直是两条直线的特殊位置关系，在生活中有许多这样的例子。伟大的设计师们利用平行和垂直，设计出了许多精美的建筑，给人们带来美的享受。

师：请同学们找一找，下面每个图形中哪两条线段互相平行？哪两条线段互相垂直？

（课件展示练习十第1题）

四、动手实践

1．摆一摆

（1）在方格纸上把两根小棒都摆成和第三根小棒互相平行，观察这两根小棒是否互相平行。

师：谁能用自己的话总结你的发现？

引导得出：如果两根小棒都和第三根小棒平行，那么这两根小棒也互相平行。

师：大家再数一数平行的两根小棒之间的格子数，看看有什么重要的发现？

（2）把两根小棒都摆成和第三根小棒垂直。看一看，这两根小棒存在什么关系？

（答案：互相平行。）

2．折一折

把一张长方形的纸折两次，使三条折痕互相平行。

师：你是怎样折的？

生：沿着长边或短边对折两次。

师：我们刚才通过摆一摆、折一折发现了这么多重要的数学规律，只要我们多动手、勤思考就会发现很多数学奥秘！

五、课堂小结

师：这节课你们都有哪些收获？别着急，我们先回顾一下，这节课都学了什么？

（学生谈收获）

教学反思

平行与垂直是同一平面内两条直线的两种特殊位置关系，在生活中有着广泛的应用，教学时需要学生先掌握直线和角的知识。本节课的知识是认识平行四边形和梯形的基础，教学目标主要有以下两点：

第一，学生初步理解平行与垂直是同一平面内两条直线的两种特殊位置关系，初步认识平行线与垂线。

第二，培养学生的空间想象能力和抽象概括能力。

平行与垂直在生活中有着广泛的应用，学生头脑中已积累了许多表象，但由于学生的空间想象力比较弱，理解两条直线延长后永不相交和相交的知识有一定困难，对于两条直线的相互位置关系也缺乏认识。因此，在设计本节课时我有如下思考：

第一，一定要结合学生的生活经验，从实际出发，在学生已有的生活经验基础上展开教学。

第二，多设计一些活动，在活动中增强学生的体验，让学生在体验中感悟，在感悟中思考。

第三，引导学生进行想象，设计一定的情境，借助联想和想象培养学生的空间想象能力，进一步发展空间观念。

第四，适时渗透分类、归纳、抽象等数学思想，让学生感悟数学的魅力。

本节课的教学主要有以下几大特点：

一、在情境中点燃学习兴趣

好的开始是成功的一半，在课堂教学中创设一个好的情境，充分调动学生的积极性，吸引学生的注意力尤为重要。心理学家布鲁纳认为，学习的最好刺激是学生对所学材料的兴趣。四年级的孩子容易被新奇的事物吸引，所以在课程导入中，我用真假孙悟空打斗的画面引入，学生看到后显得很兴奋。孙悟空是小朋友非常熟悉和喜欢的角色，学生顺理成章地由孙悟空的兵器金箍棒联想到直线，复习直线的特征，学会从数学的角度去看周围的事物。

二、在操作中激发想象

学生空间观念的发展，离不开操作和想象。操作是小学生智力发展的源泉和思维的起点，多种形式的操作能使学生的视觉、触觉协同发展，充分发挥其内化功能，丰富他们的空间观念。想象具有伴随性和隐形性，激发学生的想象能力是小学图形与几何教学的重要内容。本节课的教学就非常注重学生动手实践，首先让学生在白纸上任意画两条直线，感受同一平面内两条直线的位置关系，接下来在分一分、量一量活动中抽象出平行和垂直的概念，最后再用小棒摆一摆、长方形纸折一折的实践总结概括规律。其次，在教学中渗透想象也是课堂的一大亮点，如让学生想象老师手中的白纸在慢慢变大，一直到无限大的时候，出现了两条直线。在揭示平行线的特征时，让学生想象当这两条直线无限长时会不会相交。在摆一摆活动中引发学生想象，把小棒看作直线，想象会有多少条直线和它们平行或垂直。黑格尔说："想象是艺术创造中最杰出的艺术本领。"想象渗透在学习的各个环节当中，形成首尾相连的隐线。

三、在活动中体验数学思想

《义务教育数学课程标准（2011年版）》指出，数学课程内容不仅包括数学的结果，也包括数学结果的形成过程和蕴涵的数学思想方法。通过义务教育阶段的数学学习，学生能获得适应社会生活和进一步发展所必需的数学基础知识、基本技能、基本思想和基本活动经验。这说明，数学思想不仅是课程的重要内容，也是课程的基本目标之一。随着“双基”扩展为“四基”，数学思想在义务教育阶段数学课程中的重要地位更加凸显。本节课蕴含的数学方法主要有分类、抽象、归纳等，在教学中抓住有关素材，渗透数学思想，使学生在学习过程中得到有效体验和感悟。如：在一张白纸上任意画两条直线，学生根据可能出现的位置关系进行分类，体会在同一平面内，两条直线的位置关系有相交和不相交两种情况，建立平行的表象，从而抽象出平行的概念。对于相交的两条直线，通过量一量两条直线所形成的角的度数进行分类，有成直角和不成直角两种情况，进而建立垂直的表象，抽象出垂直的概念。通过摆一摆、折一折的活动，引导学生进行归纳总结，得出如果两根小棒都和第三根小棒平行，那么这两根小棒也互相平行；如果两根小棒都和第三根垂直，那么这两根小棒互相平行的结论。

“分数的意义”教学实录

教学内容

人教材教材数学五年级下册第45～46页内容。

教学目标

1．了解分数的产生过程，理解分数的意义。

2．理解单位“1”的含义，认识分数单位，能说明一个分数中有几个这样的分数单位。

3．渗透归纳、比较、数形结合等数学思想方法，培养学生的抽象概括能力。

教学重点

理解分数的意义。

教学难点

理解单位“1”，认识分数单位。

教学过程

一、创设情境，兴趣导入

师：这节是什么课？

生：数学课。

（板书：数学）

师：对，数学课。上课前，老师想先考一考你们语文学得怎么样？这个字读什么？

生：shù。

师：还可以怎样读？

生：shǔ。

师：两个读音连在一起怎么读？

生：数数（shǔ shù）。

师：你们会数数吗？谁来数一数你所在的那一列有几名同学？

生：1，2，3，4，5，6，一共6名同学。

师：这些数都是什么数？

生：自然数。

师：我们还学过什么数？

生：小数和分数。

师：大家在三年级时已经认识了分数，这节课我们继续来研究分数。

二、探究理解，建构概念

（一）理解分数的意义

1．操作探究

师：（板书：$\frac{1}{4}$）大家会读这个分数吗？

师：这个$\frac{1}{4}$在你脑海中是什么样子呢？把它画在练习本上，你也可以找一张纸折一折，或者结合自己的生活实际编一个故事讲一讲。

（学生操作，老师巡视）

2．反馈交流

师：我找到了几位同学的作品，我们一起来看一看这几名同学是怎样表示$\frac{1}{4}$的。

（学生分别展示汇报）

师：他画的是什么意思？

生1：把一个正方形平均分成四份，其中的一份就是$\frac{1}{4}$。

师：这位同学画了两幅图，谁看懂了这两幅图的意思？

生2：第一幅图有四个圆圈，将其中三个圆圈画掉，留下来的一个圆圈就是总圆圈数的$\frac{1}{4}$。第二幅图有四个长方形，圈出其中的一个长方形，这个长方形就占长方形总数的$\frac{1}{4}$。

师：讲得很清楚，请坐。有没有同学用折纸的方式表示分数的？请给大家介绍一下，你是如何折的。

生3：将一张正方形的纸先对折，再对折，这样就平均折成了四份，把其中的一份涂上颜色，就是正方形的$\frac{1}{4}$。

师：你是怎么折的？

生4：先横着对折，然后再竖着对折。这样每份都是一样的。

师：请坐。有没有用故事表示分数的同学？

生5：王大爷是一个种地人，他有四块田，他把其中的一块种上了水果，剩余的种了其他植物，种水果的地占了田地总数的$\frac{1}{4}$。

师：很有想象力。这些地的面积每一块都一样，对吗？

生5：是的。

生6：今天我去超市购物看到了四本练习册，我买走了其中一本，我买走的这本练习册占练习册总数的$\frac{1}{4}$。

师：非常好。同学们有的是把一个正方形、一个圆或一条线段平均分成四份，用其中一份表示$\frac{1}{4}$。老师这里还有两幅图，你们能很快地找出其中的$\frac{1}{4}$吗？

（展示粽子和月饼图）

师：你来说说看。

生7：这盒粽子的$\frac{1}{4}$是其中的一个粽子。

师：为什么？

生7：因为有四个一样的粽子，这就是其中的$\frac{1}{4}$。

师：请坐，回答得很好。那么这里的一盒月饼的$\frac{1}{4}$又是多少呢？怎么表示呢？请你来说说看。

生8：这盒月饼一共有8个，8是4的倍数，也就是2个月饼占月饼总数的$\frac{1}{4}$。

师：大家同意吗？

生：同意。

3．分类比较

师：现在请同学们结合屏幕上的内容以及我们刚才画$\frac{1}{4}$的过程，想一想$\frac{1}{4}$的粽子和$\frac{1}{4}$的月饼有什么相同的地方和不同的地方。

生：我发现它们相同的地方是都占各自总数的$\frac{1}{4}$，而不同的地方是1个粽子是$\frac{1}{4}$，2个月饼为$\frac{1}{4}$。

师：也就是每一份所代表的事物的数量不一样，对吗？

生：对，不一样。

师：因为总量不一样，所以每一份所代表的事物的数量也不一样。刚才有的同学分的是一个长方形、一个正方形、一个圆，有的同学分的是一条线段，当然在生活中，我们也有可能分一盒月饼、一块蛋糕等，这些对象我们可以统称为什么呢？

生：总量。

师：除了个数，长度、高度等也可以用分数表示。

4. 归纳概括

师：分数不是只有$\frac{1}{4}$这一个，还有很多。你能想到哪些分数？请写在练习本上，然后想一想你写的这个分数分的是什么？你是如何得到这个分数的？

师：谁愿意分享？

生1：我写的是$\frac{5}{10}$，假如我们有个西瓜，可以把它分成10份，取出其中的5份。

师：怎么分？

生1：平均分。

师：这是他想到的分数，还有没有不一样的？

生2：$\frac{4}{8}$，我将一个圆平均分为8份，取其中的4份就是$\frac{4}{8}$。

师：你分的是一个圆形。还有谁想分享？

生3：$\frac{8}{56}$，把56人平均分成7组，每组8人。

生4：错了。老师，我觉得应该是全班有56个人，取其中的8人，就是$\frac{8}{56}$。

师：你们同不同意？

生：同意。

师：把一个物体、一些物体、一个计量单位平均分成一定的份数，我们可以称将其平均分为若干份，这一个物体、一些物体、一个计量单位有没有更简洁的表达方式呢？

生：一个整体。

师：在数学上我们可以用这样的方式标注它——单位“1”。

生：把单位“1”平均分成若干份，取其中的一份或几份都可以用分数表示。

5．拓展延伸

（1）拆盲盒游戏

师：通过刚才的探究，我们知道了什么是分数。现在，我们玩个游戏好不好？拆盲盒你们玩过吗？喜不喜欢？

生：玩过，喜欢。

师：现在我们就来玩一个拆盲盒的游戏，拆盲盒也需要用数学的思维方式去思考。这里有一个盒子，里面装了一些月饼，它的$\frac{1}{4}$可能有多少个月饼？

生：我认为可能有半个月饼。

师：为什么？

生：如果这个盒子里面有2个月饼，那$\frac{1}{4}$就是个半个月饼。

师：还有没有不同的猜测？

生：我觉得可能有1个月饼，2个月饼，4个月饼。

师：为什么会有这么多呢？

生：因为首先假设$\frac{1}{4}$表示1个月饼，那么盒子里就有4个月饼；如果表示2个，盒子里就有8个月饼；如果表示4个，盒子里就有16个月饼。

师：那这个$\frac{1}{4}$表示的个数理论上确不确定？

生：不确定，从理论上来讲，它可以装1至无限个，但是我认为在这个盒子中，$\frac{1}{4}$可能是1个月饼。

师：为什么理论上是无限个？能不能给大家解释一下？

生：如果里面有4个月饼，$\frac{1}{4}$就是1个月饼，如果盒子里面有8个月饼；$\frac{1}{4}$就表示2个月饼；如果里面有12个、16个，$\frac{1}{4}$就分别表示3个、4个月饼。

师：如果这个盒子足够大，它是不是还能继续装？

生：是的。

师：现在我们再来思考，$\frac{1}{4}$个月饼和$\frac{1}{4}$的月饼有什么区别？

生：$\frac{1}{4}$个表示将一个月饼切成四份，其中的一份是实实在在的$\frac{1}{4}$个，前者表示具体的数量，后者表示数量关系。

师：看来分数既可以表示一个具体的量，还能表示两个量之间的数量关系，这个我们后面会继续研究。

（二）认识分数单位

1．在情境中提出问题

师：老师这里还有一些月饼，大家能看到有多少个吗？

生：6个。

师：6个没错，结合今天所学的知识，还有不同的意见吗？

生：我看到两份$\frac{3}{6}$的月饼。

师：特别好。这名同学准确运用了今天所学的知识，把6个月饼看作单位“1”。1个月饼是这盒月饼的$\frac{1}{6}$，2个月饼就是$\frac{2}{6}$，3个月饼就是$\frac{3}{6}$，4个月饼就是$\frac{4}{6}$，6个月饼就是$\frac{6}{6}$，如果有7个月饼就是多少？

生：$\frac{7}{6}$。

师：后面我们会学到这样的分数。现在请大家思考$\frac{5}{10}$里有几个$\frac{1}{10}$？

生：5个。

师：$\frac{4}{8}$里面有几个$\frac{1}{8}$？

生：4个。

师：$\frac{8}{56}$里面有多少个$\frac{1}{56}$呢？

生：8个。

师：这样把单位“1”平均分成若干份，其中1份叫什么呢？

生：分数单位。

2．对比整数、小数、分数的计数单位

师：整数、小数是不是都有计数单位？

生：是。

师：比如99由多少个1组成？

生：由99个1组成。

师：小数0.7里面有几个0.1？

生：7个0.1。

师：那0.9里面有几个0.1。

生：9个0.1。

师：同样地，分数的分数单位就是几分之一。那这些分数是不是由分数单位累加起来的？

生：是的。

3．解释应用，巩固拓展

师：我们今天学习了分数的意义，也认识了分数单位，接下来要玩一个智力比拼游戏。两条彩带露出的部分一样长，第一条露出其总长的$\frac{1}{4}$，第二条露出其总长的$\frac{1}{5}$，请你猜一猜哪一条彩带长一些。

（课件展示图）

生1：这幅图上两条彩带露出来的部分一样长，第二条彩带露出的部分是总长的$\frac{1}{5}$，表示有5份这样长的彩带，而第一条彩带被分成了4份，表示有4份这样长的彩带，所以我觉得第二条彩带总长更长。

师：请你上来给大家仔细讲一讲。

生1：首先画一段$\frac{1}{4}$长的彩带，此时在这个彩带里有4个这样的$\frac{1}{4}$，第二条彩带露出的部分与第一条的$\frac{1}{4}$一样长，但反占其总长的$\frac{1}{5}$，这条彩带中就有5个这样的$\frac{1}{5}$，由于它们露出的部分一样长，所以第二条彩带比第一条彩带长一些。

师：听清楚了吗？讲得好不好？

生：听清楚了。讲得好。

师：非常好，这位同学不仅自己能想明白问题，还能跟同学讲明白。

三、回顾小结，养成习惯

师：现在我们回顾一下这节课学了哪些内容？

生：分数的意义。

师：分数是怎么来的？

生：分数就是把一个整体平均分成若干份，再取这样的一份或几份的数。

师：简单地说就是先分后数，好，今天我们这节课就上到这里。

让数学课堂掀起“简约”之风

教学的简约建立在对教材的准确解读，对学生的深入了解，对课堂熟练驾驭的基础之上，高效的教学是教师教学技能水平的体现。在有限的课堂教学时间里，我们要有的放矢，并不需要面面俱到，一课一得足矣。简约并不是漫无目的的简化，而是通过课前的精心准备，以灵活多变的课堂启迪学生心智，简约并不简单。

就如老子在《道德经》中写道：“大道至简”，在生活中把简单的事情做到极致，把复杂的问题简单化是一种做事的智慧。教学亦是如此。怎样做到简约呢？俗话说台上一分钟台下十年功，我想从读懂教材、读懂学生、读懂课堂三个方面谈一谈个人的看法。

一、读懂教材

1．读课标，把握总体目标

《义务教育数学课程标准（2011年版）》应该作为我们的案头

书，随时翻阅。教师通过对课标的解读，明确每节课的具体目标，既不能随便拔高，也要保住下限。该标准共分为前言、课程目标、课程内容和实施建议四部分。第一，通过解读前言部分，厚植理论基础，从而明确教师在教学中应该采用什么样的教学方法、学习方法、活动组织形式以及评价目标。第二，读课程目标，我们要重点把握“四基”“四能”，将其贯穿在每节数学课教学始终。第三，读课程内容，在这一部分，我们要重点弄清楚数学四大领域中每个领域的知识结构及其教育价值，构建数学知识体系的完整框架，既要横向比较，也要纵向联系。第四，读实施建议，重点是要弄懂数学课程理念以及课程目标怎样在教学中得到有效实施，如怎样创设情境，如何有效开展自主探索、合作交流，如何处理预设与生成的关系，怎样让学生充分经历观察、实验、猜测、计算、推理、验证等活动。

2．读教材，理解教材意图

以具体的课程为例，第一，明确这节课的教学目标、重点难点。第二，明确教材呈现了怎样的解决问题的方法，教师应怎样组织实施。第三，深挖教材呈现了怎样的情境，蕴含的教育价值是什么。第四，体悟本节课蕴含了怎样的数学思想，教师该如何渗透。

3．深思考，对教材再加工

基于对课标和对教材意图的理解，结合实际深入思考，对教材进行再加工。教材只是范本，其形式比较简单，有广泛的适用性，是为了让学生不用教也能看得懂，教师在实施教学的时候要做到“用”教材而不是“教”教材，要把教材背后隐藏的知识结构、思维方式挖掘出来，引导学生学懂学透。但是要把握合适的度，这里的加工，不是创造和改编，而是要将教材呈现的主题、知识点、练习题，结合学校和学生实际，串联融合成一个整体，为教学和学生的学习服务。特级教师李镇西在《我是如何成为所谓“教育名人”的？》一文中谈道：“三十多年来，我就想着自己如何将我所敬佩的中外教育家们的思想有机地运用到我的班级实践和课堂教学——如果做到了，我就满足了；如果还做得很好，那我这一辈子就很‘了不起’了。”我们作为一线教师，要将教材的意图在教学中有效地落实，将我们所掌握的理论方法，有效地运用到课堂教学中，在我们自身的水平没有到达一定水准的时候，没必要去改编甚至自创教材。

二、读懂学生

1．眼中有人，以生为本

苏霍姆林斯基说：“教育首先是人学。”现代教育理论认为，教育的真正意义在于发现人的价值，发挥人的潜能，发展人的个性。

在中国教育学会第二十八次学术年会上，与会专家以“核心素养与适合的教育”为主题展开了探讨。

北京三十五中校长朱建民提出，以色列家长会关注自己的孩子有没有向老师提问，而中国家长则关注孩子是否正确地回答了老师的提问，老师为了分而教，学生为了分而学，而忘记了我们应该培养的是人，导致中国教育目中无人。

我们究竟应该如何做呢？我想，首先应该尊重孩子，与学生平等对话。要想真正做到这一点，关键在于要有包容之心，尊重个体差异。我们在自然界找不到两片完全相同的叶子，人与人之间也存在个体差异。数学课程理念告诉我们，数学课程要面向全体学生，应结合学生个性发展的需要，使人人都能获得良好的数学教育，在数学上得到不同的发展。很多时候我们忽视了个体差异，从而造成了教育教学过程中的不平等。因为传统观念过分重视纪律和管制，忽视了自由和权利；过分重视整齐划一，忽视了个性的张扬；过分重视知识的积累，忽视了创新能力的培养。

其次要有一颗童心，多换位思考。我们的教育对象是儿童，并且每个阶段的儿童，其性格特点也不一样。低年级的孩子活泼好动，注意力集中时间短，喜怒哀乐都挂在脸上。中高年级的孩子相对理性一些，但更叛逆，有主见且不易被看出来。如果我们不去深入了解孩子的特点，只是千篇一律地用简单粗暴的方法与孩子沟通，哪里来的平等？记得有位年轻的老师在国培计划学习时的一次交流中，苦恼地说：“我也不知道怎么回事，在教室外面我还喜笑颜开，一走进教室我就像变了一个人，成了灭绝师太。”因此面对孩子的时候，不妨让我们也变成一个小孩子，从孩子的视角看问题，换位思考。

再次是适度激励，让孩子站在课堂正中央。每一个人内心深处都希望得到别人的肯定和认可，小孩子更是如此。所以我们不能吝啬表扬，该让孩子展示的时候就放开手，用眼神和手势告诉孩子这一刻他就是主角，是课堂的中心，让孩子充满自信。当需要孩子回答问题时，可以说“请你讲”“请把你的想法告诉大家”“请说一说你的见解”。此外，我们在表扬孩子时，语言也应该丰富贴切一些，比如“你的声音很洪亮”“你的发现很有价值”“你回答问题的思路很清晰”“你很善于思考”“你很会观察”，这样的语言更有效。对孩子的激励既不能过分夸张肉麻，又要让孩子充分感受到来自老师的肯定和真诚的赞赏。

2．关注学情，科学引导

在设计教学时从学生的角度出发，我们要思考三个问题：我的学生在哪里？我的学生要到哪里？我该寻找一条怎样的路径将学生带向哪里？也就是要弄清楚学生已经具备的知识基础和活动经验，找准“最近发展区”，即伸出手来够不着，跳起来能实现的目标，将学生从认知原点引向目的地。亚里士多德曾说，思维是从疑问和惊奇开始的。因此，首先要植入有价值的问题。课标中指出数学教育要让学生掌握现代生活和学习中所需要的知识与技能，更要发挥数学在培养人的思维能力和创新能力方面不可替代的作用。其次是要指导学生合作与分享。一个人不能解决的问题不等于一群人不能解决，可以通过诱发合作的需要、组织合作的进程、享受合作的成果促使学生养成合作的习惯。教师要当好组织者、引导者与合作者。

三、读懂课堂

我们的数学学习活动主要在课堂上进行，课堂受时间和环境等因素的影响和制约。如何在有限的时间和空间内有效地实施教学活动，是我们需要不断探索和实践的永恒话题。当前，我们的数学课堂还存在这样一些现象：教师讲授多，学生练习少；教师提问多，学生思考少；教师灌输多，学生质疑少；教师代替包办多，学生自主活动少。

中共中央、国务院印发的《中国教育现代化2035》中明确提出创新人才培养方式，推行启发式、探究式、参与式、合作式等教学方式，培养学生的创新精神和实践能力。新的理念也告诉我们，发现学习、合作学习、自主学习是主要的学习方式。结合新理念以及当前课堂教学实际，我们应该努力构建一种生态课堂价值链，注重快乐性、平等性、尊重性、宽容性、批判性思维五大要素。

1．创设情境，激发兴趣

各版本的教材都是按照“问题情境—建立模型—解释与应用”的模式编排的。问题情境一般由三个部分组成：一是数学问题，这是内核，反映的是思维对象和内容；二是背景材料，这是外壳，是生成数学问题的载体，也是帮助学生思考的脚手架；三是学生的需要与兴趣，这是思维的动机，反映的是背景材料的选择、组织与呈现方式。

创设情境应该注意什么呢？首先，好的问题情境应当有利于将学生引向数学实质。判断一个问题情境是否创设得好，关键是看问题是否指向数学实质。其次，好的问题情境应当是学生熟悉的、能理解的。情境并不一定必须联系生活现实，只要能与学生原有的知识背景相联系，同时又会产生新的认知冲突，哪怕是由数学到数学，抑或是从其他学科到数学，都算好情境。再次，在落实上述两点的基础上，问题情境的选择与呈现方式应适应学生的年龄与认知特点，或能产生感官刺激，或能引起学生的认知冲突，或可揭示事物本质，使学生处于“心欲求而不得，口欲言而不能”的状态。

2．化繁为简，注重过程

当前的数学课存在一种现象，教师不善于做减法，而在不停地做加法。内容过多、任务过重，学生何来快乐？哪里来的思考、动手操作的时间？天津市特级教师徐长青提出的“简约教学”理念主张“三不讲”，学生会的，教师不讲；学生能学会的，教师不讲；学生怎么也学不会的，教师不讲。而现实是我们在很多时候，学生会的，我们要讲；学生能学会的，我们要讲；学生怎么也学不会的，我们也想讲，结果教师教得累，学生学得累。所以，应将课堂教学内容化繁为简，不能贪图面面俱到，可以留一点遗憾。

3．挖掘本质，传承文化

数学的本质是什么？课程标准前言部分是这样说的，“数学是研究数量关系和空间形式的科学”，这是根据恩格斯的论述给数学下的定义。与此同时，前言部分也提及数学是人类文化的重要组成部分，数学素养是现代社会每一个公民应该具备的基本素养。有专家指出，在文化意义上理解数学的本质，有助于人们树立“大数学”的概念。数学不仅是狭义的人类知识或某种知识体系，也是人类精神创造的结果和过程，是人类文化的重要组成部分。数学教育是一项传承和发展人类优秀文化的活动；数学教育可以发展学生的逻辑思维和创新能力；数学教育要让学生经历数学发现的过程，具备数学思维能力，提升学生的理性思维和审美智慧。

在教学中，我们要准确把握数学的本质，善于培养学生的思维能力，渗透数学思想，如转化、优化、对应、数形结合、化繁为简、有序思考、类比等都是小学数学常见的思想方法。有效地渗透数学思想不是直接告诉学生什么是数学思想，而是在学习活动中通过展示数学思想的应用过程，让学生体验和感悟。日本数学教育家米山国藏在其所著的《数学的精神、思想和方法》一书的序言中写到，学生在初中、高中接受的数学知识，通常出校门不到一两年，很快就忘掉了。然而，不管他们从事什么业务工作，那些铭刻于头脑中的数学精神、数学思维方法、数学研究方法、数学推理方法和着眼点等，却随时随地发挥作用，使他们受益终生。

好情境贵在自然

因我到上海参加了一周多的培训，周二的晚上才返回，所以暂时离开了孩子们。我心中有些担忧，毕竟在这一周多的时间里，我没有给他们上课，无法监督他们的学习和成长。周三早上到学校以后，我赶快找到代课的翟嘉玲老师，询问孩子们上课的表现、作业完成情况、教学进度等。翟老师一一给我做了介绍，她说："王同学对除数是两位数的除法试商方法掌握得比较差，戚同学家庭作业有几天都没有做，其他孩子表现都不错，课堂纪律也很好。目前已讲到除数是两位数的除法综合练习，课本第86～87页，练习十六，今天要处理8～13题。"我说："非常感谢你，辛苦了，至于王同学和戚同学，我单独找她俩谈谈。"说完，我拿过课本开始备课。

练习十六的第8题，已知王平家到外婆家的路程是504千米，表格中分别给出了自行车、大巴车、小汽车和火车的速度，求乘坐不同交通工具抵达目的地所用的时间。问题：他到外婆家应该选择哪种交通工具？这道题的本意是在解决问题的过程中练习除数是两位数的除法，同时复习路程、速度、时间三者之间的关系。

看到这里，我想起了在火车上拍的一张照片，刚好可以利用这张照片，引导孩子们复习行程问题，同时也能调动孩子们的学习兴趣。

我来到教室，孩子们大声说："欢迎胡老师回来！"我说："大家有没有想我？""非常想您！"孩子们齐声说着，脸上堆满了笑容。孩子的笑脸就是教室里最灿烂的阳光，此时我感受到了作为一名教师的幸福。有几个大胆一点的孩子问："胡老师，您到哪里去了？"我说："我这次是去上海培训学习。"他们说："啊！上海，能给我们讲一讲您看到的风景吗？"我说："我这次主要是去学习，任务很重，没有时间去看风景，但我可以给你们讲一讲我的见闻。"

我打开电脑，调出这张照片，说："这是我在回来的高铁上拍的一张照片，大家在图中能发现什么？"有同学说："我看到了一个外国人。"我说："你们猜猜他是哪国人？""英国人""美国人""德国人"……孩子们七嘴八舌地猜了起来。我说："是印度人。印度的人口总数仅次于我们国家，是世界第二人口大国，还记得阿拉伯数字是哪国人发明的吗？""印度人。"孩子们大声说。

"你们还看到了什么？"我说。

"这列高铁的速度是308千米/时，您在2号车厢。"一个孩子说。

我说："对，假设我乘坐的这列高铁以308千米/时的速度行驶，我从上海出发的时间是上午8:36，下午2:36到达西安北站。"我一边说一边在黑板上写下出发时间和到达时间。

我问："根据这些信息，你们能提出什么问题呢？"

一个学生说："上海和西安相距多少千米？"

"这个问题非常好，应该是从上海到西安乘坐高铁的路程为多少千米。"我补充道。

接下来我根据这个问题开始计算、讲解算法，然后围绕练习十六的习题上完本节课。

可能是因为我离开了孩子们一段时间，多了新鲜感，也可能是孩子被我的照片吸引，总之，整节课他们都兴趣高涨，表现非常活跃。

中午，龚嘉业的妈妈发来短信，告诉我孩子回家后对她说喜欢老师与他们的交流。

在最近几次送教活动中，有老师问怎样创设教学情境，特别是在计算类的课程中，如何调动学生学习兴趣。

活动结束后我查阅了相关资料，课程标准在第四部分“实施建议”中指出，“教学中应从学生实际出发，创设有助于学生自主学习的问题情境”。教材也是按照“问题情境—建立模型—解释与应用”的模式编排的。关于问题情境的概念，说法各异，概括起来，就是将数学问题融合、镶嵌、隐藏在学生的生活现实、数学现实和其他学科现实的背景材料之中，营造一种现实而富有吸引力的学习气氛，使学生在提出问题、思考问题、解决问题的动态过程中主动参与学习。问题情境一般由三个部分组成：一是数学问题，二是背景材料，三是学生的需要与兴趣。

我认为情境的创设既要依照一定模式，又要掌握一些技巧，贵在自然。回想这节课，由于我刚出差回来，抓住了孩子们的好奇心，给他们讲述自己的见闻，用照片引出问题，使课堂氛围更活泼有趣。当时我在车上看到一个印度人，心想拍一张照片，回家后和其他照片一起给我女儿看看，没想到却呼应了这节课的练习题内容，真是无心插柳柳成荫。

展示这张照片不只是让孩子们看热闹，关键是要自然巧妙地引入数学问题。学生看到照片后，对这个外国人产生了兴趣，于是我就利用印度人发明阿拉伯数字的知识继续引入，并介绍印度是世界第二人口大国。照片中列车的速度非常醒目，很自然就回归到数学问题上了，所以创设情境的核心是要将学生引向数学实质，这样才有价值。

“加法交换律”教学札记

今天的数学课学习“加法交换律”。这一课的内容相对比较简单，但怎样把简单的课上得有意思？怎样调动学生的学习兴趣呢？我是这样做的。

课本中的例题有一幅情境图，图中，小精灵说：“李叔叔准备骑车旅行一个星期。”旁边的李叔叔一手推着自行车，一手拿着笔记本，正在查看自己的骑行记录。李叔叔说：“今天上午骑了40千米，下午骑了56千米，一共骑了……”

例1：李叔叔今天一共骑了多少千米？

上课时，我说：“这节课我要给同学们讲一个故事，但我想考查同学们的听力，看看哪位同学能从我讲的故事中写出正确的数学算式。”孩子们一听我要讲故事，迅速打起了精神，拿着笔聚精会神地看着我。

我故意清了清嗓子说：“有一个人非常喜欢冒险，这个人是一位头发花白的老爷爷。他老到什么程度了呢？连胡子都白了。不过他的身体很硬朗，他想骑着自行车去旅行一个星期。老爷爷非常细心，把每天骑车的距离都记在了笔记本上。这一天他翻开记录本查看骑行记录，发现上午骑了40千米。下午骑了56千米，这一天他一共骑了多少千米呢？”话音刚落，孩子们就纷纷举起了手。这节课的“帷幕”就这样拉开了。

在写出“40＋56＝56＋40”这个算式后，我让孩子们举几个这样的例子。

有的说1＋2＝2＋1，有的说20＋35＝35＋20，有的说80＋60＝60＋80……

我说：“胡老师简直听不下去了，看看你们用的这些数字。唉！能不能玩点大的？”孩子们一听就乐了。

“我来、我来……”大家争先恐后要发言。

我接着让孩子们举例，有举例596万＋480万＝480万＋596万的，也有举例5000万＋4000万＝4000万＋5000万的。

我说：“就是嘛！这多刺激。”孩子们又哄堂大笑。

我说：“99亿＋100亿等于什么？”孩子们大声说：“99亿＋100亿＝100亿＋99亿。”

我说：“希望你们好好学习，长大后都成为百亿富翁，到时开着飞机来看我。”孩子们又大声地笑了。

兴趣是最好的老师，孩子的笑脸是课堂上最灿烂的阳光。谁说数学课就一定是枯燥的？谁说创设情境就一定要绞尽脑汁、挖空心思才能别出心裁？想调动孩子们的兴趣，逗乐他们并不难。有人说：“只要心中有春天，满眼都是绿色；只要心中有诗，满眼皆是诗意。”只要有一颗爱心，保持一颗童心，心中装着孩子们，你的课堂一定会精彩纷呈。

就等于那个数

周三早上是乘法分配律练习课。我出了一道题：25×12，让学生利用学过的运算定律进行计算。孩子们纷纷在练习本上写计算过程。经过一番检查指导后，我提问：“谁来讲一讲你的计算过程？”刘依然站起来回答道：“我把12拆成10加2，用25乘10加2的和，然后用乘法分配律，先算25乘10等于那个数，再算25乘2等于50，然后用那个数加50，结果等于300。”同学们都被她说的“那个数”逗得哄堂大笑，我也情不自禁地被她的小机灵逗笑了。

她口中的“那个数”，其实是我在这学期数学课上“创造”的一种说法。因为计算课有些枯燥，除了要创设一些有趣的情境，还得想一些法子来调节课堂气氛，这样孩子们的兴致会高一些。所以，每次遇到250这个数时，我便故意提高声调问孩子们：“等于多少？”孩子们大声说：“250。”我说：“对！就等于这么多。”孩子们发觉自己上当了，然后我得意地一笑并强调一句：“我反正没说。”孩子们就会被我逗得哄堂大笑。

很多时候我们总觉得老师只有板着脸才能管好课堂纪律，因此吝啬于向孩子展露笑容，当孩子犯错时总是大声训斥苛责，孩子对老师除了害怕就是害怕，在课堂上要么提心吊胆，要么故意搞恶作剧对付老师，懂事的孩子虽然能坚持学习，但也会感到枯燥乏味。如果我们能蹲下身子，保持一颗童心，我们的课堂就会更加丰富多彩，我们的身心也会轻松愉悦！

课堂教学评析

3月21日至22日，安康市教育体育局2018—2019年度“组团交流”活动正式启动，我非常荣幸地作为小学组的组长，带领团队成员走进汉阴县蒲溪镇中心小学开展交流研讨活动。3月22日早上我有幸听了三节数学课，分别是汉阴县凤台小学吴科老师讲授的五年级上册课程“平行四边形的面积”，安康市第二小学高蓓老师讲授的四年级下册课程“三角形的认识”，汉阴县蒲溪镇中心小学孙文朋老师讲授的五年级上册课程“可能性”。这三节课给了我很大的启发，细细思来，它们有着一些共同的特点。

一是注重情境创设，营造活跃的学习氛围。好的教学情境能够激发学生的学习兴趣，建立数学与生活的联系，让学生感受到数学的价值，从而增强学生学习数学的内驱力。

“平行四边形的面积”一课，在新课导入部分，老师利用课件展示问题。校长为了美化学习环境，要在校园中修建两个花坛，继而引出计算平行四边形和长方形面积的问题，通过小丽和小强的争论，提出比较两种几何图形面积大小的问题，从而点出课题——平行四边形的面积计算方法。在练习巩固部分，展示一块平行四边形的菜地，已知底和高，每平方米菜地可收120千克白菜，求收获白菜的千克数。整节课以生活为背景，架起连接数学与生活的桥梁。

“三角形的认识”，通过在一张纸上任意三个点（不在同一条直线上）画三笔，连成一个图案，引出课题。巧设情境，提出问题：工人叔叔给三角形花坛修一条道路，你能帮忙设计一下吗？要求从顶点到对边修一条路，且必须距离最近。你能设计几种方案？巧用情境引出三角形的高的内容，让学生在思考中感受学习数学的必要性和趣味性。

“可能性”一课以谈话的方式开始。老师说：“元旦快到了，很多班级举行了联欢会，为了增加联欢会的趣味性，我们通过现场抽签，决定由谁来表演节目。”学生进行抽签，初步感受什么是可能、不可能、一定，从而引出课题。新课部分以摸球活动为主线，让学生在实践中理解什么是可能性，以玩游戏的方式让学生感受到学习数学是一件很快乐的事。

二是注重动手操作，让学生经历探究的过程。新课程理念要求我们要重视学生的动手操作，展现数学知识的形成和发展过程。“我听说了，就忘了；我看见了，就领会了；我做过了，就理解了。”这句话突出了“做”的重要性，告诉我们“绝知此事要躬行”。这三节课都很注重学生的动手操作，让学生在操作中体验，在体验中感悟。

“平行四边形的面积”一课，让学生在剪一剪、拼一拼活动中，经历将平行四边形转换成长方形的过程，在动手操作中理解原来的平行四边形与拼成后的长方形的对应等量关系。“三角形的认识”一课，画三角形，让学生体会三角形是由三条线段围成的图形，从而理解三角形的含义；给所画的三角形作高，让学生体会三角形高的意义，理解高和底的对应关系。“可能性”一课，学生在袋子中摸乒乓球，充分感受和体验事件发生的确定性与不确定性。

三是注重合作学习，培养学生的合作意识。2017年9月，中共中央办公厅、国务院办公厅印发了《关于深化教育体制机制改革的意见》，意见指出：要注重培养支撑终身发展、适应时代要求的关键能力。在培养学生基础知识和基本技能的过程中，强化学生关键能力培养。培养认知能力、合作能力、创新能力、职业能力。可见，合作能力是学生终身发展的有效支撑，也是时代发展的要求。《义务教育数学课程标准（2011年版）》指出，合作交流是学习数学的重要方式之一。这三节课，老师们都有效地组织学生进行小组合作学习，注重培养学生的合作意识。

“平行四边形的面积”课程教学中，老师组织学生四人为一个小组，通过剪、拼，探索将平行四边形转化成长方形的过程。“可能性”一课，老师组织学生分小组开展摸球活动，为了确保活动的有效性，在活动开始前先说明规则，为了保证公平，摸球前要先摇一摇袋子。摸球的时候不能看袋子里面有什么球，也不能让同伴看见。摸之前先猜一猜是什么球，摸之后把球放回袋子，再把猜的情况和摸到的情况都记录下来。

我的思考

这三节课，都注重新课程理念的落实，在教学方法上以启发式教学为主，学生的学习活动以自主探究、合作交流为重，留给了学生一定的空间和时间。细细品味，我觉得还可以更加完善一些。

一是要“化繁为简”。在课堂教学中，老师要善于做减法，所谓“大道至简”，一节40分钟的课，每一分钟都很宝贵，我们要关注的是孩子的学习效率和学习效果，而不是看这节课我们将学习内容安排得有多丰富，高度拔得有多高。“简约而不简单”应该是数学课堂永恒的追求。

二是要“靠船下篙”，贴近学生的实际。《义务教育数学课程标准（2011年版）》指出，教师教学应该以学生的认知发展水平和已有的经验为基础，面向全体学生，注重启发式教学和因材施教。所以，在教学中，我们要以“合适”为标尺，努力创造适合学生的课堂。

抓住小学数学课堂使用多媒体资源的契机

——以“旅游中的数学”教学案例为例

案例题旨

“旅游中的数学”是北师大版实验教材数学三年级下册第36～37页的内容。在学生学完“两位数乘两位数”这一单元之后，安排“旅游中的数学”实践活动课，一方面能帮助学生巩固两位数乘两位数的知识；另一方面也能加强数学与现实生活的联系，增强学生用数学知识解决现实问题的意识与能力，培养学生学习数学的兴趣。本案例研究的主要问题是：

一、怎样利用多媒体资源创设情境，鼓励学生探索解决问题的策略，提高学习数学的兴趣；

二、抓住使用多媒体资源的契机，促进学生之间的交流，体验解决问题策略的多样性，拓展学生的思维。

案例背景

旅游中，制订旅游计划、租车、买门票、点菜等，常常要用数学来解决问题，本课程很自然地把数与计算、图形与几何、统计与概率等知识融合在解决旅游问题的过程中。这样的专题活动不但能建立数学与生活的密切联系，而且有助于体现数学知识的内在联系，能使学生更好地理解数学，体会数学的价值，提高学习数学的兴趣，增强学习数学的信心。《义务教育数学课程标准（2011年版）》在教学建议中指出：数学教学，要紧密联系学生的生活实际，从学生的生活经验和已有知识出发，创设生动有趣的情境，引导学生开展观察、操作、猜想、推理、交流等活动，使学生通过数学活动，掌握基本的数学知识和技能，初步学会从数学的角度去观察事物、思考问题，激发对数学的兴趣，以及学好数学的愿望。

旅游对于孩子们来说是一件非常愉快的事，在旅游中有许多需要用数学知识解决的问题。如果只靠语言叙述，凭借回忆来想象，无法充分调动学生的积极性，不能将数学与生活很好地联系起来，使得本该丰富多彩的数学实践活动变成枯燥无味的做题训练。而信息技术的使用，可以化静为动，将各种丰富的资源融合在一起，让生活中的学习资源走进课堂，为学生提供更加广阔的学习平台，使学习活动更加有趣高效。

据此，在本案例中多媒体课件贯穿始终，为学生创设去本地著名的风景区瀛湖游览的情境，依次解决在旅游中租车、买门票、点菜等数学问题，调动学生参与学习活动的积极性，促进学生与人合作和交流能力的提升，使学生感受到数学的价值和学习的乐趣。

案例实录

片段一

师：安康有许多吸引着中外游客的风景名胜。请看屏幕（课件展示图片），依次是旬河漂流和瀛湖……这些地方都是众人向往的游览胜地。

师：香溪洞是道教圣地；天竺山以险峻而闻名；南宫山是国家级森林公园，有大片的原始森林；瀛湖是西北地区最大的人工湖，到过安康的游客势必要去游览一番。你们想去游玩吗？

生：想！（异口同声）

师：这节课我们就模拟瀛湖一日游，解决在旅游中遇到的数学问题。

[设计意图：美丽的风景图片，声情并茂的介绍吸引了学生的注意力，激起学生对旅游的向往之情，充分调动学生参与学习活动的积极性。]

片段二

师：现在我们准备出发，请大家看一看，从屏幕中你能发现哪些信息？

（课件展示情境信息）

1．共有40人去瀛湖；

2．大车限乘18人，租金每辆70元；小车限乘12人，租金每辆60元。

（学生观察后汇报）

师：你们真会观察，发现了这么重要的信息。如果我们租车去瀛湖，有几种租车方案呢？请同学们在小组内讨论交流，然后说给小组成员听。

（学生讨论，老师参与指导）

师：现在请每组选一名代表，展示汇报你们组的交流结果。

（学生代表展示汇报）

师：同学们通过交流讨论，得出了这么多租车方案，你们真了不起！老师这里也有一张租车方案表，请大家看。

租车方案表

	大车数量（辆）	小车数量（辆）	可坐人数（人）	租金（元）
方案一	3	0	54	210
方案二	2	1	48	200
方案三	1	2	42	190
方案四	0	4	48	240

师：我们考虑问题的角度不同，所得的结论也可能不同。在旅游时，我们一般应考虑怎样租车比较省钱。要注意节俭不要浪费，从平常的小事做起，每个人都应为创建节约型社会尽力。你们认为怎样租车最合理、最省钱呢？

[设计意图：小组讨论得出不同的租车方案，充分尊重了学生的主体地位，体现了小组合作的优越性，培养了学生合作交流的意识。假如派你前去租车，你准备怎样租车？问题给足了学生思考的空间，鼓励学生从不同角度思考问题，有利于培养学生的创新意识。]

片段三

师：同学们用数学知识解决了坐车的问题，现在可以出发了（课件播放情境）。不知不觉，我们就到了瀛湖边，要想参观那些美丽的景点，我们又该解决什么问题呢？

生：买门票

（课件展示信息）

公　告

开放时间：上午8:00至下午7:00

门　　票：个人票每人20元

团体票每人16元（45人及以上）

师：从屏幕中你发现了哪些数学信息？根据这些信息，你能提出什么数学问题呢？

（主要问题有：全天开放多长时间？40人可以怎样买票？要花多少钱？）

师：现在我们来解决刚才同学们所提的问题。

1．全天开放多长时间？

（学生独立回答）

2．40人可以怎样买票？要花多少钱？

（分小组讨论）

师：你们认为怎样买票最划算呢？当游览人数比较接近买团体票的人数时，买团体票可能比较划算，这要根据我们的实际情况来确定。同学们能从数学角度发现生活中的实际问题，并运用已有知识解决问题，说明你们运用数学知识的能力提高了。买了门票，现在我们就去欣赏瀛湖美丽的风景吧！

（课件展示风景图片，并播放音乐。）

[设计意图：引导学生发现现实生活中的数学信息，并提出问题，解决问题，有利于培养学生从数学角度看待现实中的实际问题的能力，提高学生“用数学”的能力。]

片段四

师：瀛湖的风景真美呀！参观完这些景点，大家的肚子也饿了吧？现在该去用餐了。瀛湖，不仅风景美，农家乐也非常有名，我们一起到农家乐去用餐好吗？

（课件展示菜谱）

师：都有哪些好吃的呢？请看菜谱。然后想一想你想吃点什么？共需要多少钱？

师：谁愿意介绍一下，你是怎样为自己安排的？

（学生边介绍，教师边用鼠标拖动菜名）

师：你们认为这几位同学点的菜怎么样？有什么好的建议吗？

（学生评价，谈建议）

师：建议真不错！你们觉得怎样点菜比较合理呢？

（引导得出结论：注意荤素搭配，主食和副食搭配，不要浪费。）

师：你们谈得真好！每个人单独点菜，点少了比较单调，点多了又浪费了，假如每个小组的同学刚好坐一桌，你会怎样安排呢？

（学生思考后独立汇报）

师：胡老师希望你们不仅能好好学习，将来成为有知识、有头脑的栋梁之才，也希望你们能健康饮食，成为会享受生活的美食家。

［设计意图：学生从单独点菜用餐到小组集体点菜用餐，能够体验到与人合作的快乐；对别人点的菜进行评价，提出合理的建议，能够加强学生之间的交流，提高学生的判断能力，充分调动学生学习的热情。］

案例后记

学生学习活动的效果取决于学生在学习活动中的参与程度，小学低年级儿童的感性认识高于理性认识，所以他们参与某项活动完全凭自己的兴趣。“旅游中的数学”是一节实践活动课，关键在于调动学生的积极性，使他们充分参与到这项活动中来。旅游是孩子们非常感兴趣的活动，但是光凭嘴说，凭脑子想象比较抽象，多媒体课件的使用就打破了这层限制。本案例的设计，恰当地运用了多媒体课件，首先将本地风景名胜图片制成相册并配音介绍，声情并茂，动静结合，牢牢地吸引住学生的注意力，充分调动学生的热情；然后将旅游中会遇到的场景，包括乘车、门票、用餐等，在模拟的情境中依次呈现，让学生身临其境，那么解决其中的数学问题就顺理成章。学生全身心投入学习活动中，成为课堂的主人，体会数学的价值。我国古代教育家、思想家老子主张“行不言之教”，我想在课堂上要达到这种效果，使用多媒体技术是重要的手段之一。由于多媒体课件的应用，本案例真正实现了生活资源、教材资源、学生资源以及信息技术的有机整合。

案例分析

实践活动是培养学生进行主动探索与合作交流的重要途径。《义务教育数学课程标准（2011年版）》提出：“教师应该充分利用学生已有的生活经验，随时引导学生把所学的数学知识应用到生活中去，解决身边的数学问题，了解数学在现实生活中的作用，体会学习数学的重要性。”要实现这一目标，需要创设高效灵动的课堂，先进的多媒体资源必不可少。那么，在小学数学课堂上怎样使用多媒体资源才能将它的优势最大化呢？我有以下看法：

一、利用多媒体资源巧设情境

《义务教育数学课程标准（2011年版）》指出："教师应激发学生的学习积极性，向学生提供充分从事数学活动的机会，帮助他们在自主探索和合作交流的过程中真正理解和掌握基本的数学知识与技能、数学思想和方法，获得广泛的数学活动经验。"激发学生的积极性，有效的方法之一是创设生动有趣的教学情境，在新课伊始就抓住学生的好奇心，让学生产生从事数学活动的意愿。多媒体资源以内容广、兼容性强、展现形式灵活多样的特点，在创设情境方面占有绝对优势。如本案例片段一中，利用多媒体资源创设去风景区瀛湖旅游的情境，通过图片、音乐、资料介绍，从多角度给学生以美的享受，逼真的情境让学生有身临其境之感，能很自然地融入数学学习之中。

二、利用多媒体资源巧设疑问

思起于疑，早在两千多年前我国古代教育家孔子就认为"疑是思之始，学之端"。一节好课，学生的思维应是跌宕起伏的，那么要想学生有思维的跌宕，就必须先让学生有疑虑之处。怎样创设问题情境，激活学生的思维，是教师设计课程的重心所在。多媒体资源应用于教学，为教师提供了更为广阔的空间，让其课堂更加丰富。以本案例片段二、三为例，随着旅游活动的展开，教师利用多媒体课件给学生展示了一组租车信息，车辆大小不同，价钱不一样，学生很自然就会想到一行人怎样坐车，如何租车才最省钱的问题。当来到景区门口时，多媒体课件又将景区的门票信息展示给学生，有团体票和个人票，可以买团体票吗？怎样才省钱呢？学生思维的闸门顺势而开，整节课学生围绕这些问题探索、讨论、交流。学中有疑，疑而促思，思中有辨，好的问题情境创设是一节课成功的一半。

三、利用多媒体资源解决课堂中的疑难

随着多媒体资源在数学教学中的开发和应用，我们的教学手段更加丰富，数学课堂充满了生机与活力。教师不会再因为自己的设想在课堂中无法实施，生活中的资源无法被很好地利用而发愁。在本案例中，创设情境可以将生活中的资源逼真地“请”进课堂。学生汇报租车结果时，利用课件提前制好表格，学生一边汇报老师一边填写，不仅节省了时间，而且效果更加清晰直观。学生汇报蔬菜搭配方法时，利用课件提前制作动画，将学生报的菜名用鼠标拖拽到大屏幕上，有趣又形象。因此，只要教师善于运用，多媒体资源就是无穷的宝藏。

总之，多媒体资源的开发与应用，将带来课堂教学的革命，全新的教学、学习时代已经到来，我们应大胆尝试、不断探索，让课堂教学日趋完善、成熟。

案例评析

“旅游中的数学”一课以培养学生综合运用所学知识解决生活

中的实际问题为主线，突出综合实践活动课的特点，即综合性、实践性、趣味性和思想性。本课具有以下几个特点：

一、做到三个到位

1．学情了解到位

（1）对学生已有知识的了解。学生在学习本节课以前应该有的知识基础为会计算两位数乘两位数的乘法，初步应用“搭配中的学问”，初步认识小数等。

（2）对学生能力的了解。评估学生在解决问题前应具备的经验，比如租车、购票、用餐、住宿等。

（3）对学生思想基础的了解。学生可能对租车、购票、用餐中的费用问题只有一些基本的思维策略，而如何利用所学知识来综合考虑租车、购票与用餐细节，提出最优方案可能是学生所缺乏的能力。那么这节课的侧重点应放在如何引导学生解决问题上。

2．活动预设到位

（1）租车活动。为引导学生运用列表中的策略提出最好、最省钱的租车方案，老师应让学生明确空座位和平均每人出的钱尽可能地少，才能实现目标。具体怎样才能做到这些呢？一是尽可能地租大车，减少空座位。当然，要兼顾费用问题，需要综合考虑。二是在进行列表时，让学生体会到用列表的方法解决问题很清楚明了，如果在列表时考虑到按照一定的顺序来进行排列，能有效避免重复和遗漏，思考会更有序。在具体教学时，老师注意引导学生把大车所需辆数和小车所需辆数按照一定的顺序排列，做到既不重复，也不遗漏，以便于观察和比较。

（2）购票活动。老师应让学生明确当人数接近或满足买团体票时，团购最省钱。40人购票，若团体票的购票人数刚好是40人，那就没有多出的票需要处理；若团体票的购票人数超出40人，就可能出现为了享受团购价，多出的票怎么处理的问题。

（3）用餐活动。本环节学生要解决的问题是如何通过有序搭配，合理安排膳食。

3．情境创设到位

模拟到本地景区安康瀛湖一日游，使得故事前后连贯，情节安排合理，活动结构完整，学生的学习兴趣高涨。

二、抓住三个关键

1．抓住重点

三个活动中对数学思想方法的渗透分别是租车中的列表和有序思考，购买团体票中的估算意识和优惠的策略，安排用餐中的一一对应思想。

2．突破难点

一是注重对学生情感、态度、价值观的正确引导。比如处理团购多出的5张票时，有学生提出销毁、卖掉、送人、下次再用等观点，老师首先要引导学生自己进行评价，最后明确只要是合理、合情、合适、合法的方案均可。二是注重活动的连贯性，这大大提高了学生学习的积极性。三是把学生知识的学习和能力的培养紧密地结合起来，大大提高了学生的综合实践能力。

3. 紧扣两条线

本课的设计是按明暗两条线来进行的。一条是明线，紧紧围绕安康瀛湖旅游展开教学活动，突出了现代数学生活化和情境化的特点。另一条是暗线，从这些活动涉及的生活情境展开深层次的挖掘，运用数学思想方法解决生活中的实际问题。教学中，两条线一明一暗，相辅相成。

三、关注三个问题

1. 关注学生，提高艺术性

对学生的关注除了关注他的一言一行，更要关注其在课堂中的情感、态度、价值观的变化。

（1）要注重学生的实践，不能把数学课处理成简单的计算课，一方面要鼓励学生大胆实践、充分交流、努力探索；另一方面为了保证教育的价值，还要融入非数学问题的探讨，比如什么时间去旅游。

（2）不把解决问题的策略当成知识点来教，以避免限制学生的思维，要鼓励学生自主探索。学生在交流中可选择适合自己的方法，如三年级的学生可以选择自己的方法，也可以吸收别人的方法。随着年龄的增长，学生会有吸纳别人好方法的需求。

2．关注细节，提升智慧

这一理念应贯穿教学的设计、课件的制作和对学生的评价。比如租车中对“限乘”的解释渗透安全意识教育，购票时的排队提醒渗透遵守社会公德的教育，三个活动还同时渗透了提倡节约、讲究卫生、树立良好道德风尚的教育。

3．关注过程，注重生成

在本节课的实际教学中，学生有很多自我评价的机会，比如在多出的5张票的处理问题方面，按菜谱自由点菜方面等。

让孩子插上想象的翅膀

——“线段、射线的认识”教学实录片段赏析

核心环节1

展示线段，观察、总结线段的特点。

核心环节2

认识射线

师：如果我们把线段的两个端点擦去一个（课件展示），就会形成一个新的图形。有没有同学知道这个新的图形叫什么名字？

生：射线。

师：对，这就是我们今天要认识的新图形——射线。

师：请同学们仔细观察，看看射线有什么特点。

生：它也是直的，只有一个端点。

师：只有一个端点，说明什么？

生：说明它可以继续往下画。

师：对，可以继续沿着这个方向往下画。那么它能被测量吗？

生：不可测量，因为它是可以无限延伸的。

师：如果我继续把这条射线往下画，现在已经到屏幕的边缘，还能往下画吗？

生：能。

师：请同学们闭上眼睛想象一下，如果这条射线沿着这个方向继续延伸，穿过了屏幕，现在到了哪里？

生：操场上。

师：继续延伸，又到了哪里？

生：北京……

师：一直延伸下去，到哪里了？

生：穿过地球，伸向宇宙。

师：请睁开眼睛，在同学们的想象中，这条射线已经伸向了宇宙，它可以永无止境地往下延伸。我们可以给这条射线取一个名字，叫射线AB。如果换一个方向延伸，也可以叫射线BA。请同学们想一想，在生活中你见过射线吗？

生1：手电筒发出的光。

生2：汽车灯光、红外线。

生3：太阳发出的光。

生4：人的头发……

师：请同学们从点A出发，画一条射线。画完后请你试试看从点A出发，可以画多少条射线。

生：可以画很多条。

师：如果一条挨着一条画下去，会怎样？

生1：会形成一个圆。

生2：会形成一个刺猬。

生3：会形成一朵烟花……

师：同学们的想象力很丰富，也就是说从一点出发，可以画无数条射线。

评析

学生在二年级时初步认识了线段，这是学生已有的知识经验。本节课，核心环节1是教师引导学生总结归纳了线段的特征；核心环节2是在学生基本理解线段的特点后，教师根据线段和射线之间的联系，引出射线的知识。

在此主要分析核心环节2。此环节教师借助课件，演示将线段AB擦去一个端点，引出射线的过程，然后让学生观察、寻找射线的特点。因为此前已经总结过线段的特征，所以学生很容易就能发现射线只有一个端点，是直的，不可测量的，可以无限延伸。接下来，教师结合课件动态演示，让学生想象射线不断延伸的状态。在介绍完射线的记法和读法后，让学生找一找生活中见过的射线，最后让学生动手画一画，再次体验射线可以无限延长，总结出过一点可以画无数条射线，并让学生想象如果一条挨着一条画下去，会出现什么情况。

本案例对发展学生的空间观念有积极的促进作用。教师始终抓住观察、概括、操作、想象的主线，引导学生通过观察，总结概括出射线的特征，然后再动手画一画，结合图形的特征寻找生活中的案例。动态演示很好地激发了学生的想象，让学生感悟无限的数学思想。《义务教育数学课程标准（2011年版）》描述了空间观念的主要表现，其中包括根据物体的特征抽象出几何图形，根据几何图形想象出所描述的实际物体，以及物体的方位、位置关系等。可见，激发学生的想象能力是几何教学的重要内容。

爱因斯坦说：“想象力比知识更重要，因为知识是有限的，而想象力概括着世界上的一切并推动着进步，想象才是知识进化的源泉。”

请让孩子插上想象的翅膀！

第六章

研究发现 寻觅真理

基于新课程理念下的图形与几何教学策略探究

图形与几何是数学四大领域内容之一，主要包括图形的认识、测量、图形的运动、图形与位置等内容。由于这部分知识较抽象，学生难理解，因此对老师组织教学、驾驭课堂的能力提出了更高的要求。为了提高“图形与几何”这部分内容的教学效率，有效帮助学生建立空间观念，发展空间想象力，笔者结合新课程理念，对“图形与几何”教学策略做了一些尝试与探索，下面谈谈自己的粗浅认识。

一、重观察，关注学生生活经验

观察是一种有目的、有计划、持久的、以视觉为主的知觉活动。我们对现实空间中物体的形状、大小及其方位的感知，对物体三视图的初步认识，以及对平面图形的研究，都离不开观察。而空间知识与现实世界联系紧密，学生在生活中已经有一定的认知经验。因此，在教学中要重视学生的观察活动，关注学生的生活经验。

一是在活动中观察。可以通过摆、拼、折、量等活动，引导学生学会观察，思考有关空间与图形的问题。比如在进行求不规则物体的体积的教学时，组织学生进行实验操作活动，观察水面的变化，感受体积的转化过程；在进行长方体的认识的教学时，组织学生利用小棒制作长方体，在操作中观察每条棱的特征，并总结出长、宽、高的概念。二是在生活中观察。对于抽象的概念，要利用生活中的原型，引导学生在观察中类比、判断、思考，促进理解。比如在“线段、射线的认识”一课中，让学生观察寻找生活中的射线，有的学生发现一根头发就是一条射线，有的学生说燃放的烟花是多条射线。这样的生活原型有利于学生理解射线的特征。在“平行与垂直”一课中，教师提出平行的概念后，让学生说一说生活中有哪些平行的现象。学生会想到很多例子，如公路上的斑马线、操场上的100米跑道、商场电梯两边的扶手等。图形与几何的教学离不开生活的原型，教师在教学中要结合学生的生活经验，让学生多观察生活中的实物，用数学的视角观察周围的世界。三是利用多媒体进行直观演示。图形与几何这部分教学内容需要大量的生活实物和动态演示，以帮助学生建立几何直观。多媒体的恰当运用为数学课堂增添了无限生机与活力。比如在教学四年级下册“平移”一课时，可以用多媒体播放上海音乐大厅平移66米的新闻视频，让学生先感受数学在生活中的作用，激发其学习探索的欲望，然后展示小房子在方格纸上平移的动画，从而展开平移距离的探索活动。这样的课堂生动有趣、直观形象。四是在观察的基础上进行表述。表述能力是学生形成空间观念的必要因素，根据几何图形想象出描述的实际物体，描述图形的运动和变化，物体的方位和位置关系等是空间观念的重要内容。学生在观察的基础上进行表述，有利于其增强空间意识和发展空间观念。

二、重操作，突出知识的形成过程

操作是小学生智力的源头和思维的起点，多种形式的操作能协调他们的视觉、触觉，充分发挥其内化功能，丰富他们的空间观念。学习应当是生动活泼的、主动的、富有个性的过程。动手实践是学习数学的重要方式之一。图形与几何这部分内容有很多概念、性质、公式、定理等较为抽象的知识，如果我们只是进行枯燥的讲解，就会出现“言者谆谆，听者藐藐”的局面，这与课程改革提出的要改变教学方式和学习方式的理念不相符，也与新课程标准所倡导的“让学生经历知识产生的过程”相悖。因此我们在教学中要创设具体的情境，组织学生进行有效的操作实验活动，让学生不仅能知道结果，还能经历结果的形成过程，给学生提供“再创造”的平台。这些公式、性质、定理不是教师灌输给学生的，而是学生自己在实践操作中通过“再创造”感受到的。

例如，在教平行四边形、三角形、梯形、圆的面积知识时，可以充分利用这类学习资源组织大量的操作活动，尽量不只用逻辑分析来推导公式。学生通过实物操作活动亲眼看到图形的转化过程，亲身经历数学化的过程，在“做”中学。“做”就是让学生动手操作，这不仅可以增强学生的感性认识，还可以促进学生的理性思考。心理学研究表明：促进人的素质、个性发展的主要途径是实践活动。在图形与几何教学领域，要重视学生的操作活动，让学生在实践中体验，在体验中感悟，在感悟中思考。

三、重想象，激活学生的创造性思维

激发学生的想象空间和想象能力是几何教学的重要内容之一。想象具有伴随性和隐形性，渗透在学习的各个环节和活动中，是几何教学不可或缺的元素。在图形与几何教学中，应该让学生插上想象的翅膀，这既有利于学生建立空间观念，又有利于提高学生的创新能力。想象会在不知不觉中发生，因此需要老师巧设情境，激活想象。

例如，在教学“平行与垂直”一课时，课前先展示真假孙悟空打斗的画面，问学生金箍棒可以看作哪一种线。学生很自然地就想到了直线，从而复习直线的特征。再拿出一张白纸，让学生闭上眼睛想象这张白纸在慢慢变大，变到无限大，这时白纸上出现了两条直线……这样的情境创设，既生动有趣又能激发学生的想象力，还巧妙地为后面的新课教学做了铺垫，有效丰富了空间表象，促进学生空间观念的发展。没有想象就没有创造。学生在观察实物、概括实物和几何图形时都伴随着想象，教师要善于抓住教学契机，看到想象对学生发展空间观念和培养创新能力的重要作用。

四、重思想，点燃数学智慧的火花

《义务教育数学课程标准（2011年版）》的“基本理念”部分指出，数学课程内容“不仅包括数学的结果，也包括数学结果的形成过程和蕴涵的数学思想方法”。数学思想不仅是课程的重要内容，也是课程的基本目标，有着不可忽视的作用。在空间与图形领域蕴藏着丰富的数学思想，如抽象思想、归纳思想、转化思想、分类思想、数形结合思想、符号与模型思想、极限思想等。数学问题的解决过程实质是反复运用数学思想的过程。在教学过程中要善于“挖掘”，注重渗透数学思想方法，点燃学生数学智慧的火花，这不仅有助于学生更好地学习数学知识，也能有效培养学生的创造性思维。

例如，在教学“平行与垂直”一课时，先让学生在一张白纸上任意画两条直线，学生根据可能出现的位置关系进行分类，体会在同一平面内两条直线的位置关系有相交和不相交两种情况，建立平行的表象，进而归纳概括出平行的概念。对于相交的两条直线，让学生量一量两条直线所形成的角的度数，再一次进行分类，可以分成相交成直角和不成直角两种情况，进而建立垂直的表象，归纳出垂直的概念。分类的标准不同，结果就不同。再如，在多边形面积的教学中，要引导学生经历将平行四边形转换成长方形、将三角形和梯形转换成平行四边形的过程，从而体验转化思想的应用；在圆的面积和圆柱的体积教学中，引导学生体验“化曲为直、化圆为方”的转化思想和极限思想。徐利治教授说：“不懂得数学思想方法的教师不是一个称职的教师。”所以我们在教学中要看到隐藏在数学知识背后的数学思想方法，要把数学思想方法的渗透放在第一位，使学生既能掌握数学知识，又能领悟数学思想。

总之，在图形与几何相关内容的教学中要抓住其特点，从学生实际出发，积极组织学生开展观察、操作、想象等教学活动，注重培养学生的空间观念和空间想象能力，促进学生在获得空间知识的同时，积累活动经验，感悟数学思想方法，提升数学素养。

浅析培养学生数学核心素养的思考与实践

数学教学的目标主要是实现数学思维的培养，能让人用理性的方式去看待这个世界。掌握了数学核心素养，才能理解世界的本质真理；学会运用数学规律，才能更好地为现实世界中的问题找到解决方法；学好数学，掌握数学核心素养，才能对人的整体素质起到全方位的提升。

有专家指出，小学数学核心素养是在理解数学核心概念，掌握和运用数学规律和关系的基础上形成的，要求学生具有可持续学习数学和交流、表达、解决现实世界实际问题的思想和能力，可以从数学认知、数学思想、个人发展三个维度构建小学数学核心素养。我们认为小学数学教学应该围绕小学数学核心素养的三个维度，突出最为重要的“创新能力”的培养。《义务教育数学课程标准（2011年版）》将数学课程内容分为四大板块：“数与代数”“图形与几何”“统计与概率”“综合与实践”，并在实施建议部分指出“综合与实践”是培养学生应用意识和创新意识的重要和有效载体。所以在实际教学中，我们应该以综合与实践活动为基点，培养学生的数学核心素养。下面笔者结合自己的教学实践，谈谈个人的几点认识。

一、注重问题引领，提升思维能力

数学家哈尔莫斯说："问题是数学的心脏。"古希腊学者亚里士多德说："思维是从疑问和惊奇开始的。"所以，要培养学生的思维能力，在教学中就应该注重问题引领，给学生培养数学化思维的机会。"综合与实践"领域是一类以问题为载体、学生主动参与的学习活动，其本质上是一种解决问题的活动，关键在于让学生积极展开思维活动。在教学时应该引导学生充分经历"发现问题—提出问题—分析问题—解决问题"的全过程，将学生的思维活动融入学习过程。人教版数学教材共设计了16个综合与实践主题活动，在教学中应以问题为主线，形成"创设情境、提出问题—整理信息、分析问题—拟订方案、解决问题—交流反思、解释应用"的教学模式，让学生在解决问题的思辨过程中提升思维能力。

二、注重动手操作，积累活动经验

《义务教育数学课程标准（2011年版）》在实施建议中指出，数学活动经验的积累是提高学生数学素养的重要标志。数学活动经验需要在"做"的过程和"思"的过程中积淀。综合与实践领域提供了丰富的学习素材，是积累数学活动经验的重要载体。教师要设计适合的数学活动，让学生在实践操作中经历知识的形成过程。在教学中，需要教师组织学生动手操作，经历综合运用所学知识解决实际问题的过程，从而丰富学生的体验。此外，如果只有外在的“做”，而没有内隐的“思”，操作活动便会流于形式，因此在操作活动结束后，要引导学生进行梳理、提炼总结，使之条理化，并内化为个体的有效经验。最后，还要注重交流共享，丰富发展个体活动经验。同样的活动，不同的学生，体验可能不同，组织学生进行交流可以互相补充，促进其活动经验的丰富和发展。

三、注重合作探究，促进数学交流

数学交流不仅可以训练表达能力，还能促进认知功能的发展，是学生数学思维活动的延续，是思维活动社会化的重要环节。小组合作学习是培养和提高学生数学交流能力的有效途径，也是综合实践活动课最主要、最有效的学习方式。因此，在教学中教师应该通过问题引领、任务驱动，组织学生有效地进行小组合作学习，培养学生的数学语言交流能力，提高学生的数学素养。例如在教学“1亿有多大”一课时，教师通过创设情境，引出问题：1亿到底有多大？然后组织学生分组探究，有的小组选1亿张纸垒起来有多厚，有的选1亿个小朋友手拉手有多长，有的选1亿粒米有多重。在明确研究的问题和任务后确定研究方案，通过小组讨论，发现1亿张纸的厚度，1亿粒米的重量，1亿个小朋友手拉手的长度这些数据直接测量并不现实。有的学生提出可以先测量一部分，再推算出整体，从而确定由局部推算整体的研究方法。然后进行实验，学生在实验中通过操作、计算、讨论、交流，发现选择的基数越大，误差就越小。最后，验证猜想，全班交流。小组合作、讨论交流能丰富学生的直观感受，培养合作意识，为学生提供多向交流的环境。

四、注重思想渗透，领悟数学本质

《义务教育数学课程标准（2011年版）》基本理念部分指出，数学课程内容不仅包括数学的结果，也包括数学结果的形成过程和蕴涵的数学思想方法。“课程总目标”部分指出，通过义务教育阶段的数学学习，学生能获得适应社会生活和进一步发展所必需的数学的基础知识、基本技能、基本思想、基本活动经验。数学思想在数学课程中意义非凡。数学教育的实质就是要让学生经历数学发现的过程，学会“数学地思考”。在教学时，应该注重数学思想的渗透，展示数学思想的应用过程，学生在解决问题的过程中进行感悟，学会数学地思考。例如在教学“数字编码”一课时，先让学生通过观察、比较、猜测、探索编码的规则和方法，然后再组织学生尝试编码，在探索交流中体会数字编码的简洁性、规范性和唯一性，感悟符号思想、数字编码思想，从而感受数学的价值。

五、注重拓展延伸，增强应用意识

《义务教育数学课程标准（2011年版）》在教材编写建议中强

调：每一册教材至少应当设计一个适用于“综合与实践”学习活动的题材，这样的题材可以“长作业”的形式出现，将课堂内的数学活动延伸到课堂外，经历收集数据、查阅资料、独立思考、合作交流、实践检验、推理论证等多种形式的活动。综合实践活动重在综合、重在实践，并不是单一的解决问题式的教学，所以要注重拓展延伸，培养学生的应用意识。一是从时空上延伸。40分钟的常态课显然无法实现综合与实践活动教学目标，这就需要注重课前与课后的延伸，才能保证实践的有效性。课前查阅资料，提供丰富的研究素材，课后设置实践性作业，增强学生的应用意识和创新能力，体现数学的价值。例如，在教学“节约用水”一课，课前可以组织学生分小组测量水龙头一分钟内的漏水情况，让学生经历收集记录数据的过程，为课堂研究提供真实有效的素材。课后可以让学生设计家庭或学校节水方案，向全校同学发出节约用水的倡议。二是从内容上延伸。要打通学科的壁垒，加强数学与其他学科、现实生活的联系。发现实际生活或其他学科中的数学问题，并用所学的数学知识解决问题，这是数学学习的重要特点和重要目标。例如在数学四年级下册的“图形的运动（二）”教学活动中，可以开展“美丽的轴对称”实践活动，让学生通过绘画或手工剪纸设计精美的作品，发现数学与美术之间的联系。在召开运动会时，可以组织六年级学生协助体育老师一起画起跑线，测量跳高、跳远成绩，记录短跑成绩，感受数学在体育学科中的应用。还可以组织学生写数学日记、讲数学故事，用文字和语言交流数学知识，增强语文和数学的联系。

总之，我们的教学实践表明，综合与实践活动确确实实是培养学生应用意识与创新能力的有效载体。在教学中教师要转变观念，多组织、设计适合学生的实践活动，靠船下篙，不断探索总结经验，以综合实践活动为突破口和出发点，有效促进学生数学核心素养的提升。

浅析数学广角的有效教学策略

“学生能获得适应社会生活和进一步发展所必需的基础知识、基本技能、基本思想、基本活动经验”是《义务教育数学课程标准（2011年版）》对数学教学提出的明确要求，为了落实这一目标，人教版教材专门安排了“数学广角”这一单元，通过一些比较简单的事例渗透重要的数学思想方法，让学生在解决问题的过程中主动尝试从数学的角度寻求解决问题的策略。然而在现实学习活动中，感悟数学思想、积累数学活动经验往往被忽视，使得“数学广角”的知识成为小学生数学学习的薄弱环节。为此，结合本人的教学实践，对“数学广角”的有效教学策略谈一点粗浅的认识。

一、注重情境创设，加强数学与生活的联系

新课标在第四部分“实施建议”中指出：教学中应从学生实际出发，创设有助于学生自主学习的问题情境。“数学广角”所呈现的内

容源于学生熟悉的生活事例，使原本比较抽象、深奥的数学思想方法有了丰富的现实背景。在教学中，要善于挖掘生活中的素材，创设有趣的学习情境，将课堂上的数学和生活中的数学紧密结合，激发学生的学习兴趣和探索欲望。例如，有位老师在教学三年级下册“搭配”一课时，以“小明的一天”为情境，包含早上搭配衣服、搭配早餐，选择上学路线，以及下午放学后打乒乓球的活动。情境真实自然，贴近学生的生活，富有浓浓的生活气息，使学生感到学数学就好像在做游戏，增强学生的参与意识，提高其学习积极性。最重要的是让学生感受到现实生活中蕴藏着大量的数学问题，这些问题可以用数学的方法予以解决，有利于培养学生的应用意识。

二、重视操作实践，充分发挥学生的主体性

“数学广角”里的内容是以问题形式呈现的，目的是让学生综合运用知识解决实际问题，逐步提高数学思维能力和应用意识。低年级学生的知识储备有限，生活经验不够丰富，中高年级学生的课程内容难度大，抽象的知识较多。因此，在教学中重视学生的操作实践，发挥学生学习的主体性，更有利于落实教学目标。例如，我在教学五年级下册“找次品”一课时，让学生拿3瓶口香糖，平举两臂模拟天平进行称量，在3个物品中找1个次品，建立找次品问题的基本模型；在9个物品中找1个次品，引导学生用圆圈代替口香糖记录找次品的过程。教师充当组织者和引导者，让学生成为学习的主人。

三、关注学习过程，让学生感悟数学思想方法

“数学广角”这一单元分阶段、分步骤地向学生呈现一些重要的数学思想方法，在第一学段以“操作实践”为主题，呈现简单的排列组合、推理、集合等内容。学生通过观察、操作、实验、猜测、推理与交流等活动，初步感受数学思想方法的作用，逐步培养有顺序、全面思考问题的意识。第二学段以“抽象建模”为主题，渗透了优化思想、运筹思想、化繁为简思想、假设思想等，让学生在综合运用知识解决问题的同时，逐步提高数学思维能力和解决问题的能力。在教学中，我们要引导学生围绕问题经历探索的过程，进而让学生在解决问题的过程中体验和感悟数学方法。例如，我在教学五年级下册“找次品”一课时，先抛出假设在729瓶口香糖中有1瓶次品，用天平至少需要称几次才能找出次品的问题。由于数据较大，要解决这一问题学生自然会想到要是数字能小一些就好了，我便顺势引导学生把数字进行简化，先从9瓶中找1瓶次品开始，学生通过合作探究、交流讨论找出不同的解决问题策略，再通过观察、猜测、对比归纳出最优策略，然后运用最优策略依次解决在27瓶、81瓶、243瓶、729瓶中找1瓶次品的问题。问题是数学的心脏，数学问题的解决过程是数学思想反复运用的过程，在教学中要有意识地突出数学思想在解题中的指导作用，展示数学思想的应用过程。

“数学广角”教学内容对学生数学能力的提高和后续发展有着不

可忽视的作用。在教学中我们要不断研读教材，不断实践新理念，积极探索有效的教学策略，培养和提高学生的数学思维能力。

小学各学科教学渗透心理健康教育初探

教育部印发的《中小学心理健康教育指导纲要（2012年修订版）》明确指出，学校应将心理健康教育始终贯穿于教育教学全过程，全体教师都应自觉地在各学科教学中遵循心理健康教育的规律，将适合学生特点的心理健康教育内容有机渗透到日常教育教学活动中。可见，开展心理健康教育不是某一学科或某一部分老师的责任，而是全体教师都要自觉承担起的义务。小学阶段是儿童健康心理品质形成的关键时期，学科教学又是学校工作的重心，在小学各学科教学中渗透心理健康教育是深入开展学校心理健康教育的新要求，也是最直接最有效的途径和方法。只有深刻理解其内涵，掌握基本方法，才能在小学各学科教学中有效地渗透心理健康教育。

一、小学各学科教学渗透心理健康教育的内涵

在学科教学中渗透心理健康教育是指教师在学科教学过程中能自

觉地、有意识地运用心理健康教育的原理和方法，在授予学生一定的知识、技能，发展他们的智力和创造力的同时，维护和增进学生的健康心理，激发学习动机，培养良好的学习习惯，开发心理潜能，帮助学生提高课堂学习活动的认知、情感与行为技能，增强学生的社会适应能力和自我成长能力，培养健全人格，全面提高学生的心理素质。

小学心理健康教育目标与学科教学目标是相辅相成，并行不悖的。心理健康教育目标是使学生学会学习和生活，正确认识自我，提高自主自助能力，增强调控情绪、承受挫折、适应环境的能力，培养健全的人格和良好的个性心理品质。新课程理念告诉我们，学科教学要让学生获取知识、掌握技能，同时在情感态度与价值观等方面得到进步和发展。一方面，学科教学中知识的获取、技能的掌握要以人的心理发展为基础，要遵循人的心理规律，心理健康教育是完成学科课程目标的基础；另一方面，学科课程的基本出发点是促进学生全面、持续、和谐的发展，从这个层面讲，学科课程教学又是开展心理健康教育的载体。在小学各学科渗透心理健康教育，就是要实现以心理活动为基础的情感过程和认知过程“双轨式”的统一。这就需要教师在制定学科教学目标时，充分考虑学科特点和学生的年龄特征，把心理健康教育目标和学科教学目标有机结合，既不能把学科课程当作心理健康教育课来上，也不能只重视知识和技能的传授，而忽视学生的情感因素。

在小学各学科教学中渗透心理健康教育是一种全员参与的教育模式，有利于在全校范围内营造促进学生心理健康品质形成的良好氛围。只将设立心理咨询室和开展心理治疗作为学校心理健康教育的主要手段，并不足以满足现下学生的心理健康教育需求。只有在遵循学生心理发展特点和身心发展规律的前提下，将心理健康教育和学科教学活动相统一，学校心理健康教育工作才能有效开展。

二、小学各学科教学渗透心理健康教育的策略

1．发挥教师的自身优势。小学生在校期间与教师接触最为频繁和密切，根据小学生身心发展的特点，这一时期的儿童最易模仿他人行为，易受外界因素的影响。因此，学科教师通过教学活动对学生进行心理健康教育有其专业优势和角色优势。首先，教师要有高尚的道德情操和较高的思想水平，做学生思想行动上的榜样，用自己的一言一行感染和熏陶学生，培养学生的价值观和责任感。其次，教师要有健康的心态，能够包容理解学生，能用心去爱学生。教育是爱的事业，爱是教育的灵魂。在教学中，教师要能够包容学生的错误，把学生的错误看成一种教育资源，面对犯错误的学生，给他们缓冲期，不是以粗暴的方式去压制，而是用爱心去唤醒学生的爱心，引导学生学会爱自己、爱别人、爱国家、爱社会。最后，教师要具备一定的心理辅导技能。教师要在学科教学中随时了解学生的心理需求和变化，要对学生的苦恼和疑惑及时进行纾解，在传授学科知识的同时培养学生健全的人格。

2．充分利用学科课程资源。小学阶段心理健康教育重点内容是认识自我、学会学习、人际交往、情绪调适及生活和社会适应等方面的内容。各门学科本身都在不同程度上或不同侧面蕴含、反映了心理健康教育的内容，如语文、英语、道德与法治、社会等课程教材中，包含了大量认识自我、学会学习、人际交往、情绪调适等方面的内容。数学、科学课程对学生思维能力、观察能力的培养和训练，有利于学生养成追求真理的良好品质。体育课程教学可以提高学生的身体素质，还可以培养学生的意志品质、合作能力和竞争意识。音乐、美术等课程本身就是对学生身心的陶冶，心理健康教育资源极为丰富。这就需要教学者充分挖掘教材内容，组织有效的学习活动，让学生积极参与到学习活动中，在获取知识的同时得到心理健康教育。

3．营造良好的课堂心理氛围。现代教育心理学研究表明，轻松积极、和谐愉快的心理氛围能使学生的大脑皮层处于高度兴奋状态，促进神经递质的释放和传导，有助于学生开展智力活动。处于轻松、愉快氛围中的学生往往精神饱满、思维活跃、学习效率高。反之，沉闷压抑的课堂容易导致学生情绪低落，思维受到压制，学习效率低，更严重的是会导致学生丧失学习兴趣。良好的课堂氛围能使学生有效地掌握学科知识，发展良好的个性和提高心理素质。因此，首先教师要情绪饱满，坚持面带微笑。教师是课堂中最大的情绪源，要通过表情和语言把快乐的情绪传递给学生，为营造良好的课堂氛围奠定心理基础。其次要创设有趣的学习情境。兴趣是最好的老师，小学生对感兴趣的事物就会积极参与、乐于接纳，反之就会被动应付，甚至产生厌恶情绪。创设活泼、生动的学习情境，有利于激发孩子的学习动机，培养主动学习的意识。最后要及时给予学生肯定，小学生特别希望得到老师的表扬和肯定，在教学中教师要善于发现学生的闪光点，及时表扬鼓励学生，增强学生的自信，让学生获得成功的体验，激发学生渴求知识的欲望。

4. 建立良好的师生关系。良好的师生关系是在学科教学中渗透学校心理健康教育的基本条件。这需要教师以情感沟通为桥梁，以真诚、尊重、理解的态度与学生交往，从而建立起民主、平等、融洽的师生关系。作为教师，首先要拥有童心，才能真正走近学生，成为学生的知心朋友，这是建立良好师生关系的基础。陶行知先生有句话说得好，“我们必须变成小孩子，才配做小孩子的先生”。在教学中我们应努力使自己与学生的思想感情保持一致，学会用儿童的眼光去观察，用儿童的耳朵去倾听，用儿童的兴趣去探寻，用儿童的情感去热爱。其次要尊重和理解学生，在平等的基础上与学生沟通和交流。在课堂教学中，要让学生成为学习的主人，教师要当好学生学习活动的组织者、引导者与合作者。教师不要做学科知识的灌输机，而要成为学生探索知识的引路人。在课堂教学管理中，难免会遇到不守纪律的调皮学生，这时教师需要慎重选择批评的方式和方法，不要伤害学生的人格尊严，充分发挥教育智慧与才能，在教学中与学生共同成长。三是关注个体差异。在自然界中，我们找不到两片完全相同的叶子，人与人之间也是有差异的。有的孩子聪明、活泼、性格外向，很容易受到别人的关注，这类孩子的学习潜能容易得到发掘。有的孩子性格内向、胆怯、不善于表达自己，这类孩子的学习潜能往往容易被忽视。这需要教师有耐心和爱，对他们多鼓励、多肯定、多表扬，使孩子获取信心、积极向上，学习潜能得到激发。

在小学各学科教学中渗透心理健康教育，扩大了心理健康教育的实施范围，扩大了心理健康教育的师资队伍，真正实现了全员性策略，是心理健康教育在小学得以全面落实的最佳途径。

（发表于《小学教学参考》2016年7月下旬刊）

小学数学课程资源应用与学科整合之我见

随着课程改革的深入，越来越多的教师更清楚地理解了课程资源的含义；信息技术开始广泛地应用于教学，教师能够将静态的资源变为动态资源，将现实生活中的资源引进课堂，我们可以开发和利用更多的数学课程资源，使我们的数学学习活动更丰富有效。

数学课程资源是指依据数学课程标准所开发的各种教学材料以及教学课程可以利用的各种教学资源、工具和场所。在教学中应该因地制宜，有意识、有目的地开发和利用各种资源，实现课程资源与学科的有机整合，提高课堂教学效率。现结合我的教学实践谈几点粗浅的认识。

一、开展数学活动，充分挖掘学生资源

学生是我们实施教学的直接对象，是教学活动中的主人翁，学生本身就是课程资源的主体，是潜力无限的资源。在数学教学中，可以组织各种有趣的数学活动，让学生在活动中发挥其主观能动性，使学生自身资源得到充分地开发与利用。如我在教完体积与容积相关知识后，布置了这样一项家庭作业，让学生实际测量1粒黄豆的体积。对于这样的作业，学生们非常好奇，积极探索出各种不同的方法。有学生提出在量杯里面装一定量的水，再将事先挑好的、大小均匀的50粒黄豆放入量杯中，用现在水的体积减去原来水的体积再除以50，就得出了1粒黄豆的体积。有学生提出用长方体小鱼缸做容器，先在里面装一定量的水，测出鱼缸的长、宽和水深，再放一些黄豆，测出水面上升的高度，计算出水增加的体积，除以黄豆的粒数。有学生提出找一个大玻璃瓶和一个空易拉罐，将玻璃瓶装满水，放在一个盆里，然后往玻璃瓶里放黄豆，当溢出的水正好装满易拉罐时停止放黄豆，然后数一数放了多少粒黄豆，再用易拉罐上标的容积除以黄豆的粒数……

在活动中，学生感受到了数学学习的乐趣，学习潜能得到激发，动手能力得到培养，运用数学知识的能力得到提高，能够更好地理解数学方法，开发和利用脑力资源。

教师是学生构建知识的忠实支持者、积极帮助者和引导者，学生是教学活动的积极参与者和知识的构建者。在教学中，我们应该组织各种有趣的活动，让学生积极参与，发挥其主观能动性，激发其学习潜能。在学生的学习活动中，能力的培养是关键，而能力是由学生的经历及参与决定的，参与是课程改革的核心基础。

二、因地制宜，充分利用生活资源

生活是数学的源泉，这绚丽多彩的生活正是数学的温床，而人类又不断地把数学用于实践，使自己的生活更加丰富多彩。培养孩子用数学的眼光看世界，用数学知识解决实际生活中的问题，加强数学与生活的联系，也是新课改所倡导的。不同的地区有不同的风土人情，不同的家庭有着不同的文化背景，因此我们要因地制宜，充分利用生活资源，使之为教学活动服务。如我在教学三年级下册“旅游中的数学”一课时，先分析学生和本地的旅游现状。安康这几年正在大力开发旅游资源，城区附近就有几处景点，瀛湖是最有名的。此外，很多学生都有跟家长外出旅游的经历，于是课前我布置了一项小调查，让学生调查去瀛湖旅游的车费、门票票价，以及在瀛湖用餐的价格。在课堂上根据调查的资料讨论租车和买票的最优方案，将瀛湖的风景图片用课件展示出来，让学生谈一谈去瀛湖的感受。课程将当地的风景区作为教学的素材，学生参与调查，感受到数学就在身边。生活中的课程资源无比丰富，在教学中我们需要将其合理地开发和利用，与教学有机结合，使其更好地为教学服务。

三、巧用信息技术，合理利用科技资源

现代信息技术的发展对数学教育的价值、目标、内容以及学与教的方式产生了重大的影响。数学课程的设计与实施应重视运用现代信息技术，特别是要充分考虑计算器、计算机对数学学习内容和方式

的影响，大力开发并向学生提供更为丰富的学习资源。以前，老师仅凭一支粉笔、一本课本实施教学，教学手段单一、形式单调、信息闭塞。信息技术的发展无疑为数学教学带来了革命，教学手段更加灵活多样，数学课堂更为丰富多彩，学习内容更加广泛有趣。首先，我们可以利用信息技术创设情境。对于小学生而言，兴趣是最好的老师，当他们对数学产生兴趣，真正地喜欢上这门学科时，才能激发其学习的动机，而信息技术的运用给我们提供了有效的工具。教师可以创设各种故事情境，模拟现实场景等，配以动画、声音，变静态为动态，变平面为立体，把无法用语言表达的内容用画面展示出来。这样就不再只是老师说、学生听的填鸭式教学，学生被生动的画面吸引，全身心地投入到知识的探索之中，枯燥的课堂一去不复返。其次，可以利用信息技术将抽象的知识变直观，便于学生理解。在教学圆的面积计算公式时，可以将圆通过剪、拼，转化为长方形的过程制成动画，播放给学生看，以促进学生理解“极限”思想。第三，可以制作专题学习网站，将学习延伸到课外，拓展学生的视野。从班级学习、班级讨论扩大到全校以及省市间学生的交流。总之，在信息技术飞速发展的今天，老师应该熟练掌握信息技术，并巧妙地应用于教学，丰富教学资源，引导学生利用信息技术促进数学学习。

四、打破学科界限，挖掘其他学科中的资源

数学并不是孤立的，而是与其他学科紧密相连、互相促进的，教学时要抓住学科间的联系点，利用其他学科中的资源为数学教学服务，同时也要利用数学知识解决其他学科中的问题。首先，可以利用其他学科中的资源创设情境。如在教圆的相关知识时，利用古诗“大漠孤烟直，长河落日圆”来引入教学，先让学生想象这首诗描写的画面，然后用课件展示，并解释在数学家的眼中，大漠相当于一个平面，升起的孤烟是一条垂直于这个平面的直线，那么落日在你的眼中是什么呢？学生由此展开联想，从而引出圆的知识。这样的情境创设既生动有趣，又能加强数学与语文的联系。其次，利用数学知识解决其他学科中的问题。在我教学完统计这部分知识后，让学生课外调查安康近三年来每月的降水量，并制成统计图，然后根据统计图分析天气干燥要注意防旱的月份，以及降水充沛要注意防洪的月份，并预测今年的降水情况，给当地的农民伯伯提一些建议。打破学科的界限，利用其他学科中的资源促进数学的教与学，凸显数学的价值。

总之，随着社会的发展，数学自身也在不断地变化，在社会发展中的作用更是不可替代。根据数学的学科特点，我们在教学中要不断地挖掘有效的资源，为数学的教与学服务。

以“幸福教育”赋能集团化办学高位发展

党的十九大报告明确提出，要努力让每个孩子都能享有公平且有质量的教育。党的二十大报告强调，要加快义务教育优质均衡发展和城乡一体化，优化区域教育资源配置。当前，我国优质教育资源总量不足、分布不均，是影响人民群众对教育满意度的重要因素。名校集团化办学是促进教育公平、扩大优质教育资源，满足人民群众对公平且高质量的教育需求的重要方式。

安康市第一小学迄今已有90余载的办学历史，历经数次更名、扩建、合并，始终锐意进取、不断创新，勇立时代潮头。2018年9月开始走上集团化办学发展之路，现今已发展为拥有一校三址，10000余名学生，500余名教师的教育集团。五年的集团化办学实践逐步形成了科学完善的集团化办学模式，也出现了办学规模扩大所带来的思想理念不一，行为差异加大等问题。团队陌生化加剧，文化认同减弱；管理负荷超载，创新能力下降等一些制约发展的困难和问题层出不穷。为了有效地解决这些问题，实现进一步高位发展。基于学校历史传统和集团化办学的现实需要，我们探索出创新学校办学理念体系并重构了相应的课程实践体系，以“幸福教育”激励师生自我赋能、自主成长，有效推动了集团化办学高质量发展。

一、聚焦“幸福”，构建高位引领的办学理念体系

近年来，学校在秉承“构建和谐校园、打造幸福课堂”办学理念的基础上，紧跟时代步伐，结合学校发展现状，聚焦“幸福”，构建“幸福教育”办学理念系统，并提出与之相适应的课程实践体系。

（一）理念体系

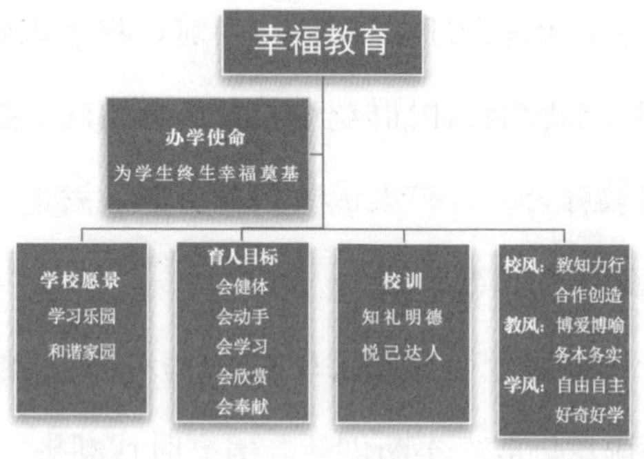

（二）内涵解读

当今社会正处于物质极大丰富、科技高速发展的时代，人们对高质量生活的需求日益增强，同时随着生活节奏的加快和不确定性的增加，人们的幸福感正面临着严峻挑战。这也影响了师生的学校生活

质量和满意度，影响着他们对未来幸福生活的向往和追求。美国知名关怀教育理论学者诺丁斯教授认为，尽管幸福不是教育或生活的唯一目的，但它是核心的目的。好教育就应该极大地促进个人和集体的幸福。我国当代教育家、北京师范大学教授顾明远先生曾经说道："如果从个体的角度来看教育，教育的本质就是提高生命的质量和提升生命的价值。"中央教育科学研究所原所长朱小蔓主编的《幸福教育论》一书提道："教育以人的生活为目的，人的生活以幸福为目的，所以教育以幸福为目的。"教育的目的从根本意义上来说，就是培养人的生活能力，就是培养人感受幸福、创造幸福的能力。教育活动要围绕"为了幸福"这一核心目的来进行。基于此，我们提出了构建"幸福教育"办学和育人理念体系。以"为学生终生幸福奠基"为使命，以"让人们因我的存在而感到幸福"为价值追求，在安康第一小学集团化办学的新阶段，凝聚动力、激发活力、创新办学，促进集团学校高质量发展，办人民满意的教育。

二、聚集"素养"，构建融会贯通的幸福课程体系

学校紧紧围绕党的教育方针，聚焦"核心素养"，紧扣"五会"育人目标，以"夯实国家基础课程、做优校本特色课程、丰富学生特需课程"为抓手，扎实推进幸福课程体系建设。

（一）国家课程校本化，为学生全面发展奠基础

学校在开齐开足国家课程的基础上，根据学生的实际需要和"幸福

教育”的育人理念，充分利用学校内外部资源，将国家课程进行组合，构建具有学校特色的学科课程结构，实现国家课程校本化。同时，积极探索推进“核心素养视域下的跨学科学习实践”，统筹设计、整合学科教学，开展跨学科主题学习、综合实践活动，打破学科壁垒，依托学校和社会资源创设教学情境和问题，促进学生以探究性、合作性、反思性学习活动为主的学习方式变革，不断提升学生的思维品质和解决实际问题的能力，为学生的全面发展奠定坚实基础。

（二）德育课程多元化，为学生幸福成长赋新能

积极探寻全学段一体化德育课程建设，形成八大板块的德育课程体系，打通思政课与“五育”的融通路径。打造“思政＋”思政系列课程、“校园文化＋班级文化”的文化浸润课程、“道德准则＋成就人生”的习惯养成课程、“团体辅导＋个体引导”的阳光心理课程、“基本内容＋班级特色”的班级活动课程、“常规活动＋特色活动”的活力四射课程、“家庭实践＋研学实践”的探索成长课程、“社团活动＋劳动实践”的创造幸福课程。八大板块形成优势互补、资源共享、辐射全体的一体化德育特色课程品牌，通过课程育人、文化育人、活动育人、实践育人、管理育人、协同育人六大路径融合德育资源，优化德育活动，为学生搭建丰富多元的成长空间，培养学生追求真理的科学精神、乐于奉献的家国情怀，增强责任担当，树立正确的价值观，为学生终生发展打好底色。

（三）校本课程内涵化，为学生自主成才拓空间

以校园足球校本课程为主线，每学期开展“小小世界杯”班级足球联赛、颠球比赛、射门比赛、绕杆带球往返比赛等赛事活动，评选足球小明星、金手套奖、金靴奖、年级最佳阵容等奖项，不断丰富活动载体，提升足球课程趣味性和技能性。探索实施“茶韵课程”，通过“知茶、制茶、品茶、讲茶”四环节，设计主题式学习活动，促进教师教学方式和学生学习方式发生根本性变革。校本课程采取教师自主研发的方式，不断迭代更新，为学生的自我赋能、自主成长创造发展空间。

（四）精品课程特色化，为学生的个性发展搭平台

立足“双减”提质增效，优化课后服务，结合学生实际打造多彩精品特色课程。开设校园足球、快乐篮球、花样跳绳、健康课程，培育珍爱生命、健全人格等素养；开设整理实践、美食制作、农耕体验等课程，培育劳动意识、社会责任等素养；开设口才表达、数学思维、科创制作等课程，培育理性思维、批评质疑、勇于探究等素养；开设幸福剧场、美术工坊、校园文创课程，培育审美情趣、实践创新等素养；开设礼仪服务、主题队会、研学实践课程，培育责任担当、人文底蕴等素养。通过“线上线下、校内校外、自主选修”等方式，为学生个性发展提供广阔平台。

三、聚焦“机制”，构建协同共生的学校治理体系

坚持以文化引领优化机制体制，从文化管理逐步迈向文化自觉，

为集团化办学发展注入新动能。

（一）赋权赋能，构建民主管理新机制

认真贯彻落实党组织领导的校长负责制，为管理团队赋能增效。校级班子实行主抓集团工作（链）与分管校区工作（区）相挂钩的“链区结合、双担双任”分工机制。中层与支委“双任双责”，形成党政同责、政治统领、核心驱动、层级联动的坚强领导体系。成立课程发展中心、信息技术中心、学生发展中心、教师发展中心、后勤保障中心五大中心，统筹集团资源调配。定期召开党委会、校委会、教代会，做到集体决策、科学决策。制定学校“十四五”发展规划，定期修订学校章程，持续优化顶层设计，厚植管理文化底色，引领催生机制体制持续优化，为学校发展注入蓬勃生机与活力，持续推动学校向前向好发展。

（二）强师固本，构建教师发展共同体

学校着力打造学习型、研究型、反思型教师队伍，为此制定了完备的分层分类教师培养规划和实施方案。一是实施教师专业成长“红烛计划”，分层分类培养。根据教师入职年限，分设新秀型、骨干型、名师型、专家型、红烛型五个层级，构建教师梯次成长体系，通过量化考核、分级培训等举措，疏通教师成长瓶颈，激活教师成长内需。二是依托名师工作室、坊、站，提升教研引领力。学校建有省级名师工作室、学带工作坊、能手工作站，通过课堂视导、课题研究、组团送教、室坊站联动等方式，拓宽成员的教育视野，提升专业实践和理论水平，推动骨干教师专业成长。三是做实校本研修，提升教师基本功。每年开展微型课题、小课题研究评选活动，构建课题研究递增体系，不断提升教师教科研水平。常态化开展集体备课、“青蓝”工程、专业时光、合作伙伴等活动，定期开展各学科跨校区大教研活动，让各个层次的教师都能找到有效的成长路径，享受属于自己的职业幸福。

（三）家校携手，构建协同育人新生态

一是全面构建家校携手共育机制体制，建立健全“四级五部”家委会机构，组建班级、年级、校区、集团校“四级”家委会，成立教育支持部、安全保障部、实践活动部、宣传推广部、综合事务部“五部”，形成级部制管理体系。建立家长学校，开发家长学校课程，开展“家长讲堂”活动，定期邀请家长进课堂、上讲台，为家校幸福携手构筑坚实桥梁和组织保障。二是统筹家校社教育资源，不断丰富内容、创新形式、拓展外延、深化内涵，成立社区少工委，建立少年交警队、红领巾志愿服务队，开展一系列颇具影响力的育人活动。三是构建家校社协同共育体系，将学校教育拓展延伸到校外，同校外各类教育基地、社会教育站点建立合作关系，开展丰富多彩的社会实践、研学旅行活动，切实把家校社幸福携手、协同共育落到实处、做出实效。

幸福教育筑梦师生幸福生长。心中有梦、眼中有光，逐梦前行，路在前方。我们将一路追寻，在幸福中追求幸福，以幸福成就幸福，全力以赴为学生终生幸福奠基。

老师减负，学校如何作为？

“减负”一直是热门话题，随着“双减”政策的出台，为学生减负在全社会逐渐达成共识，也取得了一定的成效。在为学生“减负”呐喊的同时，我们也应该为老师“减负”。经调查，当前中小学老师普遍面临的负担主要有：非教育性社会事务与各项检查任务；评优评先，职称晋升任务；课后服务导致工作时间延长；过高的社会期望给老师带来沉重的思想压力，影响其身心健康。我们呼吁给孩子一个满载幸福的童年，也应该为老师创造宽松舒适的工作环境，让老师有更多精力从事主责主业。

中共中央办公厅、国务院办公厅印发的《关于减轻中小学教师负担进一步营造教育教学良好环境的若干意见》指出，必须牢固树立教师的天职是教书育人的理念，切实减少对中小学校和教师不必要的干扰，把宁静还给学校，把时间还给教师。要坚持共同治理，调动各级各部门、社会各界力量形成合力，切实减轻中小学教师负担，进一步营造宽松、宁静的教育教学环境和校园氛围，确保中小学教师潜心教书、静心育人。

在各级各部门，社会各界齐发力的同时，学校作为老师工作生活的主要场所，作为老师的精神家园，该如何作为呢？

一、致力顶层设计，减“事务繁重”之负

有些学校管理过于严苛，规定太多、制度太繁、考核太严，导致老师们整日诚惶诚恐、无所适从；有些学校实行全封闭管理，限制老师工作之余的出行自由等。这类管理过度而领导不足的不良倾向在大部分校园时有出现。然而，在学校这样一个需要张扬活力、闪烁个性光芒的地方，传统的管理模式已经无法适应今日的校园。校长是一所学校的灵魂，如果校长能够对教育现状有清醒的认识，有正确的观念，有担当的意识，那么教师减负并不难。苏霍姆林斯基说：“校长对学校的领导，首先是教育思想的领导。”从管理走向领导，成为思想的领跑者是校长的首要选择。校长要着眼长远，致力学校的顶层设计，为学校营造安静的育人空间，为教师守住讲台。

近年来，安康市第一小学在秉承“构建和谐校园、打造幸福课堂”办学理念的基础上，紧跟时代步伐，结合学校发展现状，聚焦“幸福”，重新构建了“幸福教育”办学理念系统，确定了为学生终生幸福奠基的办学使命，勾勒出努力使学校成为学习乐园、和谐家园的办学愿景，提炼出会健体、会动手、会学习、会欣赏、会奉献的育

人目标，提倡将“让人们因为我存在而感到幸福”作为价值追求。办学理念是一所学校发展的先导，更是全体老师共同的愿景。学校的幸福教育理念旨在凝聚共识，共建精神家园，引领老师过幸福纯粹的教育生活。

在学校管理中不断完善党委会、校委会议事规则，科学民主决策，认真落实党组织领导的校长负责制，结合学校实际，制定完善党委会、校委会议事规则。学校发展、人事、经费等工作通过会议决策，充分尊重各成员的意见，杜绝“拍脑袋”决策的现象，让学校治理更加民主科学。完善教职工代表大会制度，让老师有话语权。每学期定期召开教代会，将绩效分配、岗位聘任、请假考勤、评优评先等事关教职工切实利益的规章制度提交教代会讨论，充分采纳教职工代表的意见建议，共同制定相关制度，达成共识。我们认真落实“双减”政策，不让考试成绩成为老师的精神枷锁。尽量减少不必要的行政干扰，拒接非教学目的的行政任务摊派，不因讲究面子工程而给教师增加负担。不搞形式主义折腾，不要文山会海。始终站在教师的角度来考虑学校的管理问题，把宏观抽象的理念具化为一件件小事，力求简单易操作。管理中尽量少一些“操控”，多一些“激活”，避免琐碎冗杂的事务管理占用老师的正常教育教学时间。

二、彰显价值地位，减“劳而无功”之负

学校发展的基础是老师，把老师作为第一资源，让老师享受专业成长的幸福既能有效推动学校高质量发展，也能有效化解老师专业成长带来的思想压力。我校把建设一支学习型、研究型、反思型的时代教师队伍作为教师发展目标，制定了完备的分层分类教师培养规划和实施方案。实施教师专业成长“红烛计划”，分层分类培养。根据教师入职年限，分设新秀型、骨干型、名师型、专家型、红烛型五个层级，构建教师梯次成长体系，疏通教师成长瓶颈，激活教师成长内需。开展幸福教育“访百校”活动，外出培训等活动。带领大家走出去，学习先进经验，聆听窗外之声，开阔视野、激活思维、革新理念。定期开展校长聊天室活动，与教师面对面交流，倾听他们的成长心声和发展愿景，吸取好的意见和建议，化解教师心中的疑惑。

学校健全科学的评价体系，制定教师年度考评办法、教学常规考核办法等考评制度，建立教师绩效考评系统，教师通过自主申报、部门审核的流程，实现评价过程可视化，发挥评价的导向作用。评价既有底线要求，又有加分激励，有效实现由“要我这样”向“我要这样”的转变，调动了教师工作的积极性。学校每年评选“师德标兵”“优秀教师”等，举行颁奖盛典，隆重表彰获奖团队和教师。每年开展青年教师基本功比赛、名师示范课等活动。多项评优树模政策向一线教师倾斜，让愿做事、会做事、能做好事的老师多劳多得、劳有所得。多层次、多途径、全方位激发教师队伍的成长活力，充分挖掘个人潜力，助推大家走上专业发展的快车道，实现教育梦想，享受职业幸福，彰显教师工作价值。

三、提升师德修养，减“力不从心”之负

时代飞速发展，新时代对教师的要求越来越高，许多教师面临专业知识不足，师生间代际差异、家校沟通能力不够等问题，这也成为教师的心理负担之一。近年来，我校办学规模不断发展，年轻教师增多，我们发现许多教师的工作负担并不是来自工作本身，而是不会优化、缺少方法。因此，学校通过实施一些行之有效的措施，帮助教师减“力不从心”之负。学校结合教师专业发展实际，开展教师发展共同体项目式学习工程，确定“个案诊疗、教育故事、专业阅读、儿童课程、有效课堂、班级管理”等校本研修项目，每学年让教师自由选择一项，组建发展共同体。每个项目由一位校领导牵头负责实施，扎实研究，切实解决教师在教育教学中的“力不从心”之事，让教师的专业成长有方向。

学校还定期组织开展各种“微讲堂”活动，促进教师转变思想观念，积极践行“五育”并举。实施跨学科学习教学研讨，努力探索课堂教学改革。学校积极构建校、家、社协同育人机制，达成理念共识，通过一系列举措促进家校共育，减轻教师家校沟通的负担。组建家委会，成立家长学校，让家长积极参与学校管理。定期向家委会报告学校工作，广泛听取家长意见，实行家委会成员到校轮值，充分参与学校活动，印制家长学校成员积分手册，将家长参与的教育活动、亲子陪伴过程进行记录积分，定期评选优秀爸妈，让家长充分了解学校的情况、老师的工作，畅通沟通渠道，构建和谐的家校关系。这一系列举措都是根据学校实际工作为教师量身打造的“减负神器”。

人能常清静，天地悉皆归。心宁则智生，智生则事成。教育最怕折腾、打扰。教育工作者最需要宁静、守恒。相信在各级各部门、社会各界和学校的共同努力下，为老师“减负”能够真正落到实处，让老师能够舒心、安心、静心地教书育人，过上纯粹的教育生活。

附文

用转山精神
坚守教育信仰
——记安康第一小学校长　胡刚

（记者：刘昕　孙永涛）

冈仁波齐山被誉为神山，当一群又一群的信徒头顶阳光或星斗，以俯仰大地的方式走向神山，置身这一片真正博大浩远的天与地时，你也许不相信任何传说，却不能不为这强大的信仰力量所震憾。而转山，其实就是炼心。倘若人生是一场朝圣之旅，那么该用什么样的坚持才能对得起心中的信仰？对于胡刚来说，教育就是他的信仰，也正是这份信仰，让他在教育这条路上不断向前。

长大后我就成了你

胡刚走上教师这条路深受其父亲的影响，直至今日，谈起父亲，胡刚依旧会说，“父亲在大山里教了一辈子书，他从小就和我说，只有好好学习，才能走出大山”。潜移默化的影响之下，从小数学成绩在班里就名列前茅的他在中考时以全县第三名的成绩考入了安康师范（当时安康市最好的教师培养学校），开始了自己的从教之路。

“其实小时候，我不太理解父亲，他特别辛苦，工资还低，家庭条件也很一般，但是每次听到父亲骄傲地对我说，你看谁谁谁是我的学生时，我都能感受到他的自豪与骄傲。”或许就是父亲这种精神世界与物质世界的矛盾，让胡刚想要真正体会这份他年少时所认为的“苦差事”到底有什么甜头，让父亲甘心在大山里当了一辈子纯粹的“乡村先生”。

“苦中有乐，苦中有甜”是胡刚在18年教育之路的探索中得出来的感悟。“作为一名老师，真的不需要多大的荣誉，也不需要多深的理论，用自己的一生投入教育事业，这就非常幸福了！”说起自己与孩子们的趣事，胡刚脸上的笑容与眼中的骄傲藏都藏不住，一如当年他的父亲。

2003年，刚刚毕业的胡刚就进入安康市第一小学，他年轻幽默的授课方式，妙趣横生的语言风格仿佛一道清流流进了孩子们的心田，孩子们都亲切地称他为“刚刚老师”。黄辰虎子是胡刚任教以来的第一届学生，直到现在他与他的父母在过年过节期间都会给胡刚发节日祝福，这段加深了的“缘分”来自黄辰虎子上初中之后，青春期的孩子正处在叛逆期，父母苦口婆心的教诲听不进去，又因为贪玩把腿摔了在家休养，整个人十分沮丧，胡刚得知这个事情后，组织孩子们一起去探望黄辰虎子。儿时的老师与同学对他的关怀让黄辰虎子“封闭”的内心终于再次打开，在胡刚的鼓励与支持之下，他再次投入到学习之中，最后以优异的成绩考上了东北师范大学。“胡老师，以后我也想成为像您一样的老师！”长大后我想成为您，或许是一个孩子对老师最深的感谢与敬意。

“胡老师，跟您交流与学习的这段时间，我很开心与快乐，希望以后还能与您一起学习许多知识，不得不说，您真的很帅，学识也很渊博！”这是孩子们在作业后面写给胡刚的话。“我希望和孩子们之间没有代沟，所以我想到用这样的方式与孩子们进行交流，更了解学生的思维。”把课堂作业本当成师生沟通的信笺，通过这样的方式感受每一颗童心，在一封封篇幅短小、语气稚嫩的书信中，胡刚了解了孩子们的快乐与烦恼，这位真诚的“大朋友”也收获了自己的一批铁杆粉丝。“胡老师，您长得真帅！”“胡老师，您好温柔！”“胡老师，我最喜欢您讲故事的样子了！”“每次上您的课我都很自豪，因为您可是副校长啊！”孩子们天真烂漫的言语被胡刚仔细地用小夹子收藏起来。

“年轻时不理解老师，觉得老师又辛苦，生活条件又一般，自己父亲也是当老师的，清贫了一辈子，可是真正当了老师，我尝到了当老师的‘甜头’，苦中有乐，乐的是看到孩子们天真灿烂的笑容，以及得到孩子与家长的认可。”胡刚笑着说，“教育是个苦差事，但是苦中有乐，苦中有甜，我很知足。”

苦熬不如苦干

曾有人问胡刚："你这一辈子，到现在为止干过最有意义的事是什么？"他毫不犹豫地回答："是三年援藏，虽然很苦，但绝对是我一生中最为宝贵的经历！"他的办公室里，《藏西笔记》《永远的西藏》赫然在书柜最醒目的位置排列着，一如这段经历在他心中的地位。

2013年7月，胡刚积极响应中组部的号召，受市教育局选派，作为陕西省第七批援藏干部来到普兰县，开始了毕生难忘的援藏之旅。刚得知要去西藏时，他心中有畏惧，有担忧，害怕身体吃不消也害怕适应不了，可是人总要去体验一次不一样的人生。"名都报了，一定要去！"哪怕山高路远，既然选择了，那就要一往无前。

初到高原，除了高原上身体的不适，偌大的县城常住人口不到三千，这种精神上的寂寞更是折磨，有时候胡刚也会怀疑自己来这里的意义到底是什么。可是在这里，他看到偏远地区一对夫妇管理两个年级却井井有条，他也看到两名支教大学生为两名学生上课的不易。"当学校里的孩子们看到我们时，用唱歌跳舞的方式表达着他们对我们的欢迎，我看到了孩子们对于外面世界的向往；当我看到在那么偏僻的地方依旧有人在坚持教书育人，说实话，一种使命感油然而生。"总有人在我们看不到的地方坚守，格桑花即便在高原之巅依旧向阳绽放。

“岗仁波齐山下的那些朝圣者，他们将转山当作信仰，他们用最虔诚的方式追寻内心的充盈。而教育不正是我心中所要追寻的信仰吗？”信仰本就不应该用意义来衡量，朝圣本身就是生命的另一种状态，这个时候“苦熬不如苦干”的信念已经扎根在胡刚心中并不断生长。

援藏期间，他担任普兰县委办副主任、教育局副局长。结合普兰县教育现状，完成了各类方案、制度等材料 30 余份，进一步规范全县教育教学教研工作。连续三年组织全县教师课堂教学大赛，协调普兰县 17 名教师到安康市一小参观交流，为两地的教学交流搭起了桥梁。作为阿里地区教育督导工作组的一员，他走遍了西四县各类学校和教学点，每到一处都能结合实际情况，提出可行性建议；由他负责起草的阿里地区教育督导工作报告得到了充分认可。

“回来后，工作地点虽然从高海拔到了低海拔，但是工作量却从低海拔到了高海拔，工作量变大了，但三年经历让苦干精神根植我的内心。”这座一生必须上去一次的高原让胡刚更加坚定了在教育路上不断向前的信念。

我要让更多老师感受教育的甜

2021 年 1 月，胡刚被任命为安康市第一小学集团校校长，新的改变、新的重任、新的征程，这一次，胡刚不再是一线教师，而变成一个团队的“领头雁”。“在教育这条路上，我尝到了甜头，我也要让更多的老师感受到工作的甜，享受工作的乐趣。”

在胡刚的教育管理理念里，首当其冲的就是换位思考，他说：“我自己就是从一线教师过来的，深知基层教师的不易，在学校里没有领导，我要扮演好观察者与服务者的角色，多从老师的角度考虑问题。”在团队建设上，胡刚根据不同老师的状态“量体裁衣”，对于有情怀的老师，就帮助他们把甜头享到底；一部分老师还在观望，态度不明朗，就想办法让他们尝到甜头，通过多种培训找到路子，用制度方式设置活动，逼迫他们成长；还有一部分老师相对落后一点，就要以帮扶为主，鞭策为辅，观察分析原因，在分工上具体操作，在态度上进行鞭策。“做好观察员，把教师队伍服务好了，整个团队也会成长得更好。”胡刚说。

现在的胡刚有一个习惯，每天 7 点半准时到校，来到学校第一件事不是去办公室沏茶，而是在操场上走几圈，观察每个班级学生与教师的状态。“只有扎根在学生与老师中间，才能更好地解决他们的实际问题。”看似寻常最奇崛，成如容易却艰辛，用脚步丈量校园的每一个角落，这是胡刚的坚持。

除此之外，他始终坚持在教学一线代课，坚持精研业务，撰写个人教学札记 20 余万字，直到现在依旧一周写一篇。“将自己在教学中的感悟写下来，可以更好地进行教学反思，现在我也鼓励老师们坚持写，坚持每天做一件小事，既然有人能坚持下来，那为什么我们不可以呢？”近三年，在他的示范引领下，先后有 15 名教师成长为省级教学能手，有6名辅导员荣获少先队辅导员系列省市级教学能手，10名青年教师获市级教学观摩活动一等奖和优秀奖。

作为安康市首个探索集团化办学的学校，一校三址对于胡刚来说又是全新的征程，作为刚刚接手的“新家长”。胡刚觉得有压力，同时也有动力。“学校素来有优秀的历史文化底蕴，办学质量高，社会期望高，责任也很重大。在接下来的工作中，我会传承学校优秀的管理方式，在传承中创新发展，向省内名校看齐，培养更多走出大巴山的孩子。”说这话时，胡刚目光炯炯。

“我现在的愿望很简单，第一希望自己的身体更健康，第二希望自己在管理岗位上把这种对教育的热情和激情沉淀得更深一点，拥有纯粹的、完整的、幸福的教育生活，我就很知足了。”胡刚不好意思地笑了笑，此时，阳光打在安康市第一小学的牌匾上，散发出若隐若现的光泽……

（载于《教师报》2021年5月19日第8版）